Connaître la Courtière

HOMMAGE DE L'AUTEUR.

HISTOIRE

DES

HOMMES ILLUSTRES

DE LA FAMILLE DE LA TOUR DE NOÉ

PAR

L'Abbé de la TOUR de Noé,

Prêtre de Toulouse ;

Neveu du martyr l'Abbé Gabriel-François de **la Tour** de Noé;

petit-fils et filleul de Gabriel DE LA Tour de Noé, commandant l'armée royale

victorieuse au combat de la Terrasse, le XXI thermidor an VII.

DEUXIÈME ÉDITION.

Forsan et hæc olim meminisse juvabit.
Enéide de Virgile, livre I, vers 207.

Un jour ces souvenirs auront pour nous
des charmes.

Traduction de Delille.

———

PRIX : 1 fr. 75 c. — Franco : 2 fr.

LOUIS ET JEAN-MATTHIEU DOULADOURE, Imprimeurs-Libraires,
Rue Saint-Rome, 39.

Et chez l'AUTEUR, rue Saint-Rome, 29.

—

1875.

HISTOIRE

DES

HOMMES ILLUSTRES

DE LA FAMILLE DE LA TOUR DE NOÉ

PAR

L'Abbé de la TOUR de Noé,

Prêtre de Toulouse ;
Neveu du martyr l'Abbé Gabriel-François de **la Tour** de Noé ;
petit-fils et filleul de Gabriel DE LA TOUR de Noé, commandant l'armée royale
victorieuse au combat de la Terrasse, le XXI thermidor an VII.

DEUXIÈME ÉDITION.

Forsan et hæc olim meminisse juvabit ;
Enéide de Virgile, livre I, vers 207.

Un jour ces souvenirs auront pour nous
des charmes.
Traduction de Delille.

PRIX : 1 fr. 75 c. — Franco : 2 fr.

TOULOUSE

Louis ET Jean-Matthieu DOULADOURE, Imprimeurs-Libraires.
Rue Saint-Rome, 39.
Et chez l'AUTEUR, rue Saint-Rome, 29.

1875

PRÉFACE.

Je suis aujourd'hui forcé de donner une deuxième édition de l'Histoire de ma famille. Lorsque j'écrivis la première, j'étais sous le charme d'une émotion trop séduisante, pour avoir la patience d'arriver à être complet et le courage de demeurer impartial. Le lecteur comprendra ma situation, quand j'aurai affirmé que j'avais alors *le mal de contentement* : oui, mon bonheur passait mon espérance; que dis-je, je n'espérais déjà plus; car l'espoir qui vieillit se change en désespoir. Depuis plus de trente-six ans, hélas! je cherchais la splendide lettre que mon saint oncle le martyr écrivit à sa tendre mère, à l'heure de sa mort, quelques minutes seulement avant de monter sur l'échafaud. Mais je la cherchais en tous lieux avec plus d'ardeur, bien sûr, que je n'en aurais dépensée, si j'avais voulu retrouver une perle égarée, plus précieuse encore que le diamant de la couronne. Ce trésor de famille, je l'avais

découvert le 11 octobre 1871 dans la riche Bibliothèque du
grand Séminaire, grâce a toute la bienveillance de ses
excellents Directeurs ; mais principalement, à la faveur de
celle du regrettable et Saint Abbé Chambon, qui avait été
mon professeur de physique et était toujours demeuré le
meilleur de mes amis. Livré aux doux transports d'une
joie si légitime, le cœur en pleine jouissance d'un bonheur
suffisant pour satisfaire l'avidité de ses aspirations, je né-
gligeai, absorbé par ceux de mon héros bien-aimé, de
raconter quelques exploits, même importants, accomplis
par mes nobles aïeux. Ah ! ils m'apparaissaient comme de
simples jeux d'enfants à côté de la palme conquise par le
saint Abbé sur le champ du martyre. Que m'importait en
ce moment d'émotion de compter parmi mes ancêtres le
vainqueur d'Al-Salmah, émir en Espagne des kalifes d'Oc-
cident ; un chevalier de la Terre-Sainte et les anciens comtes
de Noé. J'avais mieux que tout cela, puisqu'un saint était
mon parent, et que ma famille avait donné un martyr à
l'Eglise catholique. Tous les autres titres de noblesse humaine n'étaient alors et ne sont encore que *vanité* pour
mon cœur de prêtre, auprès de cette surnaturelle *illustration.*

Si aujourd'hui, tous ceux qui ont l'honneur de compter
des hommes illustres au nombre de leurs pères, osaient
suivre mon exemple et écrire leur *Histoire*, la province
fournirait une moisson littéraire assez abondante pour ali-
menter avec opulence l'insatiable curiosité de ses lecteurs.
Que de merveilles cachées dans l'ombre de l'oubli, vien-
draient étonner et ravir même une nation blasée. Alors
aussi, la grande cité, qu'on devrait appeler Babylone et
qui se nomme Paris, n'expédierait plus dans nos beaux
départements ces monstrueux colis de niaiseries obscènes

que des auteurs faméliques et des plumes vendues fournissent chaque semaine aux entrepreneurs millionnaires de la corruption publique, à raison d'un centime la ligne. C'est là, tout juste, le cinquième de la valeur que les maraîchers de Courbevoie retirent en moyenne de chacune des tiges de leurs tendres asperges aux marchés des halles centrales. Or, il me semble qu'ils cotent leurs délicieuses pointes végétales à un prix relativement trop réduit. Que mes lecteurs pardonnent à mon indignation sacerdotale cette comparaison empruntée au genre bucolique et cueillie dans un jardin. Ah! qu'ils me sachent gré, si par égard pour eux, je ne suis pas monté à côté du saint homme Job la prendre sur un fumier; si avec M. de Bismark je ne traite pas ces journalistes immondes qu'il soudoye avec *le fonds des reptiles*, si je les traite pas ici de *porchers de la presse.*

Je conclus ma préface en disant : Oui, mes ancêtres m'ont légué un superbe héritage de vertus et de gloire. Qu'au dernier de mes jours, quand mon cœur cessera de battre pour eux et pour la terre entière; lorsque ma langue s'immobilisera dans mon palais brûlant qu'elle entre dans l'éternel silence en bégayant ces mots si doux : « Je laisse après moi un monument qui atteste ma tendresse pour ma famille; *Monumentum exegi mirum pietate parentum!!!* »

D'ailleurs le culte pour son foyer domestique et l'amour pour les siens sont des préceptes de morale pour toutes les religions de la terre. L'Esprit Saint en impose l'accomplissement aux humains; car il parlait en son nom le pieux Mathathias quand il disait : « Souviens-toi des œuvres qu'ont faites tes ancêtres. » Je n'ai pas à redouter ici que la triste vanité se glisse sournoisement entre mes lignes si franches; car si j'étais tenté d'entrer dans cette voie funeste,

je rencontrerais sur mon passage le grand citoyen romain,
l'apôtre universel qui me crierait fièrement : « Qu'est-ce
donc que l'homme, pour que tu aies à t'occuper de lui. ? »

Ce qui démontre que ce n'est pas la vapeur de la vanité
qui fait aller ma plume, c'est que je pouvais consigner dans
ma première édition déjà les renseignements que je ne four-
nis que dans celle-ci. Et encore même a-t-il fallu la conspi-
ration de l'amitié et l'intervention de toutes ses influences
réunies, pour me forcer, après quinze ans de silence, à
surmonter ma répugnance à articuler en public mes prénoms, nom et qualité ; à exhiber mes titres.

Il exprimait certainement les vœux de tous mes amis
celui d'entr'eux, M. Louis N..., quand il me disait, il y
a trois ans : « On fait imprimer un livre afin qu'il se pro-
page. Affirmez-vous donc ce que vous êtes; le nom de l'auteur contribue bien plus encore à la vulgarisation d'un
ouvrage que sa valeur intrinsèque elle-même. » Si donc
j'ai été insensé : *Factus sum insipiens*, » je puis vous dire
avec le divin Paul : Amis, « c'est vous autres qui m'y avez
contraint : *Vos me coegistis.* »

Et maintenant je serais un ingrat, si je ne rappelais ici
que la première édition de mon livre me procura l'honneur
insigne de recevoir des félicitations et des remercîments de
la part d'un couple royal, dont le si regrettable M. du Bourg
fut officiellement chargé, le 17 février 1872, de me transmettre la sympathique expression.

CHAPITRE PREMIER.

Traditions locales du diocèse de Rieux.

Noé était autrefois une baronnie et une petite ville forte de la province de Languedoc. Il devint sous la révolution un chef-lieu de canton, district de Muret, département de la Haute-Garonne; pour le spirituel, il appartenait au diocèse de Rieux.

C'était un bénéfice-cure perpétuel et inamovible de *ville murée*. Conséquemment, le titulaire de ce bénéfice à charge d'âmes devait être *gradué* dans une Faculté quelconque d'une université de France. Les degrés des Facultés diverses ne conféraient pas au gradué expectant les mêmes droits aux bénéfices ecclésiastiques.

Les grades de certaines Facultés étaient préférés à ceux de quelques autres. Voici l'ordre de cette préférence : docteur en théologie, en droit canon, en droit civil, et enfin en médecine. Il en était de même pour les grades inférieurs.

Rieux fut érigé en évêché par le pape Jean XXII, l'an 1347. Il fut un des sept évêchés donnés pour suffragants à Toulouse, qui, à cette même époque, fut élevée au rang d'archevêché. Ces sept diocèses étaient ceux de : Lavaur, Lombez, Mirepoix, Montauban, Pamiers, Saint-Papoul et Rieux.

Depuis son érection jusqu'à sa suppression par le concordat, en 1801, le diocèse de Rieux avait duré 484 ans. Pendant ces cinq siècles de sa glorieuse existence, il fut gouverné par XXXIV évêques, dont je vais dire les noms. L'année de la nomination du successeur est ordinairement la même que celle de la mort de son prédécesseur. Donc, en rapportant la date de la mort de l'un, j'indique par là même celle de la promotion de l'autre.

I. Pilefort de Rabastens : *Pilus Fortis* de Rabastens, nommé en 1318, mort en................ 1321.

II. Bertrand de Pilofort : *Bertrandus de Piloforti*, mort en............................... 1321.

III. Bertrand de Cardailhac : *Bertrandus de Cardailhaco*, transféré à Cahors en.................... 1324.

IV. Jean de la Tissanderie : *Joannes de Texenderid*, mort en............................... 1347.

V. Antoine de Lobens : *Antonius Lobensis*, mort en. 1349.

VI. Durand de Chapelles : *Durandus de Sacellis*, mort en............................... 1354.

VII. Jean Second : *Joannes secundus*, on ignore son surnom, mort en............................... 1359.

VIII. Pierre de Saint-Martial : *Petrus de Sancto Martiale*, mort en............................... 1372.

IX. Jean de Lanta : *Joannes de Lantario*, mort en.. 1392.

X. Jérôme de Foix : *Hieronimus de Fuxo*, mort en 1406.

XI. Thomas, on ignore son surnom, mort en...... 1407.

XII. Guillaume du Puy : *Guillelmus de Anicio*, transféré à Mirepoix en............................... 1408.

XIII. Pierre de Levis : *Petrus de Levis*, mort en.... 1414.

XIV. Vital du Lyon : *Vitalis de Leone*, dépossédé par Gaucelin du Bousquet, son successeur, en........ 1422.

XV. Gaucelin du Bousquet : *Gavelinus de Sylvuld*, mort en............................... 1426.

XVI. Hugues de Rouffigniac : *Hugo de Rouffigniaco*, démissionnaire en............................... 1460.

C'est la fleur des évêques de Rieux. Après s'être démis entre les mains du pape Pie II, il se retira à Sarlat, dépar-

tement de la Gironde, où il mourut en odeur de sainteté
en. .... 1482.

En 1485, son corps fut translaté à Rieux et inhumé
dans la chapelle de saint Cizi, patron de la ville. Avant
la révolution, la fête de ce saint martyr était chômée dans
la paroisse.

XVII. Pierre Bonaldi : *Petrus Bonaldi*, mort en... 1462.

XVIII. Geoffroi de Barillac : *Gaufridus de Barillaco*, mort
en. .... 1482.

XIX. Pierre d'Abzac de Donze : *Petrus de Abzaco de Donzâ*,
mort en................................. 1485.

XX. Bernard de Lustrac : *Bernardus de Lustraco*, mort
en. .... 1487.

XXI. Pierre Fabri : *Petrus Fabri*, venu de Lectoure, y re-
vient en................................. 1487.

XXII. Hugues d'Espagne : *Hugo de Hispaniâ*, mort en 1505.

XXIII. Pierre-Louis de Voltan : *Petrus-Ludovicus de Vol-
tano*, mort en................................. 1519.

Il fit reconstruire et décorer le palais épiscopal, devenu
la proie des flammes. Il donna ses statuts au chapitre de
Rieux.

XXIV. Gaspard de Montpezat : *Gaspardus de Monte Ponde-
rato*, mort en................................. 1523.

XXV. Jean de Pins : *Joannes de Pinibus*. Il était de la noble
famille des marquis de Pins, de Brax, laquelle compte
encore des membres dignes de leur grand nom. Il est
mort à Toulouse, le 1er novembre.......... 1537.

XXVI. François du Bourg : *Franciscus de Pago*, mort
en. .... 1575.

XXVII. Jean-Baptiste du Bourg *Joannes-Baptista de Pago*,
neveu du précédent, mort le 31 avril...... 1602.

Ce dernier a laissé quelques jolis poëmes latins.

Ces deux évêques étaient, l'un fils, l'autre petit-fils de
Antoine du Bourg, président au Parlement de Paris, lorsque
François Ier le nomma, en 1535, chancelier de France.
Un autre abbé du Bourg fut vicaire général de Mgr de

Fontanges, dernier archevêque de Toulouse avant la grande
révolution de 1789. Le courageux archidiacre n'émigra pas
pendant l'affreuse tourmente politique; il demeura caché, au
péril de sa vie, dans la ville métropolitaine. Pour le bien de
l'Eglise, le Pape lui conféra les pouvoirs les plus illimités,
dont il usa toujours avec une sagesse extrême. En 1802, il
fut nommé évêque de Limoges, où il est mort en odeur de
Sainteté, l'an 1822.

Toulouse a maintenant le bonheur de posséder cette ancienne, grande et religieuse famille. Depuis longtemps déjà
elle compterait parmi ses augustes membres un quatrième
prélat, si M. l'abbé du Bourg n'était mort à trente-deux
ans, en 1841, vicaire-général, pleuré, il m'en souvient,
par tout le diocèse; car il était pieux, modeste, bienveillant,
parfaitement élevé et d'une distinction sans pareille.

Je me rappelle encore avec bonheur, qu'étant sous-diacre,
je dînais un jour au Refuge, assis à table à côté du jeune
archidiacre. M. Lavedan, l'excellent aumônier du couvent,
me pria de découper, pour soulager l'habile écuyer-tran-
chant, mon voisin, une dinde qui attendait patiemment au
milieu de la table, rôtie à point, l'accomplissement de son
destin. Heureuse volaille! qui jouit de l'éternel privilège de
poser toujours une mitre disponible sur les tables autour desquelles flotte le plus mince rabat! Je plaçai la mitre tradition-
nelle de tous les banquets cléricaux devant le candidat aux
plus hautes fonctions ecclésiastiques, qui m'honorait de
quelque affection, lui disant que j'avais la prétention de lui
porter la première antième pour une autre mitre beaucoup
plus canonique, celle de Montauban. Ce vertueux convive ac-
cueillit ma plaisanterie, je dirai mieux, ma menace formulée
avec un sérieux de pape, par le sourire le plus charmant que
jamais ait lancé les lèvres d'un saint et gracieux archidiacre.

C'est donc bien de cet autre *Marcellus eris* qu'on peut dire
à sa sainte famille :

« Gémissez et pleurez; il est mort à trente ans ! »

XXVIII. Jean de Bertier : *Joannes Berterius*, mort en 1617.

XXIX. Jean-Louis de Bertier : *Joannes-Ludovicus Berterius*, neveu du précédent, mort en.............. 1662.

XXX. Antoine-François de Bertier : *Antonius-Franciscus Berterius*, encore neveu du précédent, mort le 29 août............................... 1705.

Ces trois évêques furent les pères des pauvres par leurs aumônes, les docteurs des riches par leur science et l'exemple de tous par leur piété parfaite; ils firent des fondations splendides. Ces trois grands évêques étaient de la famille si auguste des marquis de Bertier, du château de Pinsaguel, laquelle n'a nullement dégénéré ni de la distinction, ni de la vertu de ces éminents prélats.

XXXI. Pierre de Charitte de Rutie : *Petrus de Caritate Ruthenensi*, mort en......................... 1717.

XXXII. Alexandre de Jouanne de Saumery : *Alexander de Jouanne* de Saumery, mort en.............. 1747.

XXXIII. Jean-Marie de Catellan. *Joannes-Maria de Catellano*, mort le 27 mars................... 1771.

Un membre distingué de cette noble famille, qui habitait le Lherm, était un ami intime de mon grand-père.

XXXIV. Pierre-Joseph de Lastic Saint-Jal : *Petrus-Josephus de Lastico Sancto-Jali*, fut sacré évêque de Rieux le 29 juillet 1771 ; il avait été nommé le 28 avril.

Il était de la famille comtale de ce nom, dont quelques membres, tous dignes du vertueux prélat, habitent encore la commune de Saint-Antonin, dans le Tarn-et-Garonne. Ce grand seigneur était non-seulement évêque *per Bacculum et Annulum*, par la crosse qu'il tenait dans sa main, par l'anneau qui brillait à son doigt, par la mitre qui surmontait sa belle tête, mais surtout par les vertus de son état. Jamais il ne fit de simoniaques économies sur les immenses revenus de son évêché, pour augmenter la fortune de ses nombreux neveux; au contraire, il distribuait encore aux pauvres le produit de ses vastes domaines patrimoniaux. Aussi, quand arriva l'heure de la tourmente révolutionnaire, après avoir prouvé qu'il avait du cœur pour l'infortune, il démontra qu'il en avait encore en face du péril. Il ne quitta sa ville épiscopale qu'au dernier moment et à la fin de 1791. Alors, des pierres énormes lancées sur les contrevents de son palais, des vociférations sinistres de quelques loups de son troupeau qui hurlaient, la nuit, sous ses croisées : « L'évêque aristocrate à l'eau de l'Arize, » ne lui firent certainement pas peur, mais elles finirent par lui faire comprendre qu'il fallait enfin partir pour l'exil, afin d'épargner un monstrueux sacrilège à ses brebis galeuses transformées en bêtes sanguinaires.

Ce digne et dernier évêque de Rieux, qui a laissé dans mon pays des regrets éternels et des souvenirs impérissables, mourut sur la terre étrangère le 5 septembre 1812, âgé de quatre-vingt-six ans, léguant aux pauvres de son ancien et bien-aimé diocèse les biens que n'avaient pas emportés l'ouragan furieux de 93.

Le testament de Monseigneur de Lastic, édifiant comme une épître apostolique, était olographe. Il fut écrit par ce saint testateur le 18 juin 1807, au monastère de Mont-Serrat, en Espagne.

Né moi-même à Noé, diocèse de Rieux, pendant les années de mon enfance, toutes passées au village, j'ai entendu mille bouches de la contrée faire l'éloge de l'éminent prélat, Monseigneur le comte de Lastic.

Ce grand et dernier administrateur de mon ancien diocèse fut le protecteur et l'ami de ma famille de Noé. Je suis heureux de pouvoir payer ici à sa sainte mémoire et aux membres survivants de sa noble parenté le doux tribut de ma juste reconnaissance.

Rieux, en perdant son évêché, vit disparaître à jamais sa splendeur séculaire, tarir les immenses ressources que lui procuraient ses prélats, si princièrement dotés. Heureusement que le Seigneur y avait largement pourvu en lui envoyant un homme trois fois millionnaire, qui s'était constitué la providence des pauvres. M. Cazeing-Lafont était protestant, mais homme de sens. S'il n'avait été si rapidement enlevé par une mort subite à l'amour des habitants de Rieux, Dieu aidant, il serait certainement rentré dans le bercail du bon pasteur. Mais, la miséricorde du Seigneur est infinie : le protecteur de Job, l'ami de Lazare, le père des pauvres, n'aura certainement pas permis que celui qui en a tant *visités,* tant *logés,* tant *vêtus,* tant *nourris,* ait été exclu du royaume des *bénis* de son père, et privé de l'héritage destiné aux *bons* riches. L'Éternel se sera plu à récompenser de sa grâce de conversion dans ce monde et de sa gloire dans l'autre celui qui fut si longtemps le bienfaiteur des frères de son Fils bien-aimé.

Cet opulent mortel, était déjà fort âgé, quand il fut menacé, dit-on, de cécité. Malgré ce malheur, il n'aurait pas eu trop à se plaindre de l'inclémence des cieux. Si comme le grand Bélisaire ou l'infortuné OEdipe, il avait été privé de la douce lumière du jour, il lui serait resté mieux encore qu'une fidèle Antigone; car Dieu, pour le guider, lui avait envoyé une Déesse ; mais la Déesse Fortune, et encore la plus robuste des trois, celle que les Romains appelaient, la fortune virile et grande : *Fortuna virilis.*

Ce riche propriétaire est mort le 6 juillet 1872, laissant une fortune immobilière de plusieurs millions qui sont entrés dans la caisse de son parent et son héritier M. Courtois. Or, tout le monde sait ici que cet honorable banquier est le vrai Rothschild de Toulouse, par son opulence et sa haute probité.

Les évêques de Rieux avaient soixante mille livres de rente, lesquelles équivalaient à cent quatre-vingt mille d'aujourd'hui. Ils employèrent toujours ces immenses revenus pour la gloire de Dieu et le bonheur des hommes. C'est à leur libéralité que l'on doit l'excellente route de Carbonne à Montesquieu-Volvestre, et le magnifique pont de Carbonne, à deux arches, en pierre de taille jaune, l'un des plus beaux qui soient sur la Garonne. Quand ce pont se commença, l'enthousiasme fut si grand dans le pays, que les pierres de la première assise furent toutes cimentées avec la glaire des œufs que les habitants de la contrée apportèrent en quantité prodigieuse. Ce fait m'a été assuré par un témoin oculaire, par Catalan, maçon à Noé, quand vivait, lequel travaillait comme manœuvre à ce chantier si populaire.

Rieux en latin se traduit par *villa de Rivis, Rivorum, Rivi.* Rieux dérive du patois, *Rious;* du latin *Rivus;* du grec *réos,* dont la racine est *réo,* qui signifie couler.

Ce nom lui vient de la réunion de plusieurs ruisseaux auprès de cette petite ville, et surtout de sa position sur les rives de l'Arize, dont le nom est si poétique et si gracieux, et dont les bords le sont beaucoup plus encore. L'Arize est une rivière charmante qui prend sa source aux montagnes d'Estaguel, dans les Pyrénées de l'Ariége, canton de Saint-Girons.

Elle naissait donc dans le diocèse de Rieux, près d'Alzen, sa première paroisse des montagnes au midi. Elle le quittait un instant pour traverser le Couserans, et y rentrait vers Calmont. Depuis cette commune, elle s'enfonçait dans son territoire, qu'elle n'abandonnait plus que pour se jeter dans la Garonne, par la rive droite, à Carbonne, vis-à-vis l'église; partageant ainsi le diocèse longitudinalement en deux parts, dont le côté oriental était le plus considérable.

Cette ville a pour patron saint Cizi, descendant des anciens Ducs de Bourgogne. Il fut fait prisonnier dans un combat livré contre les Sarrasins d'Espagne, dans la plaine de Rieux, au commencement du huitième siècle. Ayant refusé d'embrasser la religion de Mahomet, il fut martyrisé par ces infidèles. On l'ensevelit sur le champ de bataille, au lieu qui porte encore son nom, près Cazères.

Sur son tombeau, comme autrefois sur celui d'un autre héros, on aurait pu graver cette noble inscription : *Sta, viator, heroem calcas;* Voyageur, arrête, pour ne pas marcher sur les restes d'un héros et aussi *d'un grand saint!*

Quand Rieux fut érigé en ville épiscopale, les reliques du saint martyr furent transférées dans son église, où elles sont toujours l'objet de la vénération du pays tout entier.

Le chapitre de l'église cathédrale de Rieux avait cinquante

membres et une dotation de cent mille francs, qui équivalaient à trois cent mille de notre époque.

Barthe, l'organiste de ce chœur épiscopal, y a laissé un
nom immortel. Il était aveugle de naissance, et pourtant il
touchait l'orgue d'une façon ravissante. C'est encore lui qui
avait organisé le carrillon des cloches, dont l'harmonie en-
chantait les villages d'alentour.

Rieux est une ville très-ancienne; il en est fait mention dans
une charte de 1238. Jean XXII, dans sa bulle d'érection en
évêché, du 5 des ides de juillet 1317, s'exprime en termes
d'une poésie charmante : *Eam oppiduli nomine decoramus ;*
Nous l'appelons *Villette!* Son clocher est un des plus beaux
de France; il est classé parmi les monuments historiques.

Le prévôt du chapitre était électif; les chanoines qui occupaient les stalles du côté gauche étaient aussi élus par le
chapitre.

Rieux a vu naître Marin, le premier harpiste du monde et
le plus bel homme de son siècle; il a donné naissance à Barrau, le plus honnête des républicains de son époque.

De simple garçon cordonnier, ce vertueux *sans-culotte* devint
sous-préfet de Villefranche. Il ne savait alors ni lire ni
écrire, et pourtant il faisait des vers patois comme Goudouli
n'en composa jamais de meilleurs.

Plus tard, il refusa la préfecture de Montpellier. Bona-
parte disait un jour de lui : « C'est le meilleur administrateur
de mon Empire. » Je connais à Rieux des personnes qui
conservent encore des savates que Barrau a cousues en 1789.

Rieux a donné naissance à l'abbé baron de Lafage, prédicateur du roi, tonsuré à 11 ans, chanoine de Rieux à 14,
vicaire général à 25, chanoine de Notre-Dame de Paris à 30.
Il refusa l'épiscopat de Montpellier pour se livrer à la prédication. Son éloquence était digne du grand siècle. Il fut
l'émule du célèbre de Mac-Carthy, et du martyr l'Abbé de
la Tour de Noé.

Le diocèse de Rieux en latin, s'appelait : *Diœcesis rivens-*
sis, rivenœ où *rivenarum.* C'est comme qui dirait diocèse

ripuaire ou riverain de la belle Arize, qui le parcourait du
Midi au Nord depuis Alzen jusqu'à son affluent, à Carbonne,
en serpentant dans son parcours, avec des caprices infiniment délicieux. Arrivée à ce point où ses eaux lympides se
mêlent avec celles du fleuve, elle ne quittait cependant pas
encore sa contrée chérie. Ses ondes si douces, perdus maintenant dans celles de la Garonne arrosent toujours jusqu'au dernier pouce du territoire de Mauzac, sa dernière parroisse.
Là, en prenant congé de sa patrie bien-aimée, elle salue
dévotement Notre-Dame de *Laouaich*. Elle purifie de ses
eaux cristallines l'infidélité des marins d'eau douce du Couserans, lesquels, une fois qu'a disparu le danger que pré-
sentait alors la digue du moulin du Fauga, s'écriaient en
vrais ingrats, envers la bonne Mère qui les avait sauvés :
« Radeau passé, vœu perdu : *Ratch passat, bot perdut!* »

Le diocèse de Rieux était une oasis, même dans le midi
de la France. Son territoire était traversé dans toute sa longueur par le fleuve de la Garonne, dont les rives sont char-
mantes, et dont les eaux complaisantes apportaient à ses
heureux habitants, à des prix excessivement modérés, les
riches produits de la montagne. Nulle part on ne trouvait
un sol qui fut mieux assorti ; on y rencontrait des plaines
fertiles, des vignes luxuriantes, des coteaux complantés
d'arbres fruitiers de toutes les espèces, des forêts de chênes
et de sapins.

Ce diocèse avait plusieurs localités historiques.

Rimont, possédait une belle abbaye royale de l'ordre de
Prémontré, nommée *Combelongue*, que fait restaurer aujour-
d'hui le digne curé actuel M. Rouzaud, aidé par les largesses de mon parent, M. Benoît, notaire de cette jolie petite
ville.

Montjoie, avec son hameau d'Audinat, est connu dans
l'univers entier.

Au Mas-d'Azil, on exploite une mine d'alum, le meilleur
que l'on connaisse. Sa grotte si pittoresque devient chaque
hiver le sombre palais de plusieurs millions de chauves-

souris. Son abbaye royale de Saint-Benoît, *Mansum azilis*, fut fondée en 817. Détruite par les calvinistes, l'an 1570, elle fut reconstruite en 1620.

Camarade fabrique un sel incomparable.

Tourtouse conserve encore les ruines du délicieux palais d'été des évêques de Saint-Lizier.

Campagne était habitée par M. Mauran, médecin et un de mes oncles. La mère de cet excellent docteur était au Plan, quand j'y restais moi-même. Ma reconnaissance l'avait surnommée *Tata-bonne*, parce que, pendant les cinq secondes années de mon enfance, tous les soirs, chez ma bien-aimée *Nani*, elle me disait quelqu'un des contes qu'a inventés l'imagination naïve de nos pères, avec une complaisance infinie. Je n'étais pas Hercule ; mais ces deux tantes chéries furent bien pour moi une paire d'Omphales ; car, par l'esprit, le cœur et la piété, elles étaient les reines du pays. Voilà pourquoi, même après quarante-cinq ans, oui encore : *Meminisse juvat ;* se souvenir me charme !

Saint-Ybars, dont l'Eglise collégiale avait douze chanoines.

L'abbaye royale de Lézat de l'ordre de Saint-Benoît fut fondée en 844, par le vicomte Antoine de Béziers. Elle avait cinq cents moines, des appartements pour recevoir des Princes et leur suite nombreuse, une chapelle monumentale. La longue série de ses abbés a donné à l'Eglise un nonce apostolique, un grand aumônier de la maison royale de France, six cardinaux et cinq évêques. Elle a eu soixante-sept abbés. L'église paroissiale de Lézat a le bonheur de posséder encore les reliques du grand saint Antoine, que Roger II comte de Foix, en 1106, porta lui-même au monastère de cette ville, et qu'il avait obtenues de l'empereur de Constantinople, à son retour de la Terre-Sainte.

Le Fossat, avec son massif château de *Las Tronques*, antique manoir des anciens comtes de Comminges.

Labastide-de-Besplas, aujourd'hui célèbre par l'assassinat de Lassale, par un scélérat que je puis nommer ici ; car nous n'étions pas homonymes : heureusement pour moi, il s'appelait Jacques Latour. C'est déjà beaucoup trop que le nom de ce misérable rime avec la Tour.

Montbrun, dont l'antique château, pendant cinquante ans, eut l'honneur de donner asile aux bénédictins du Mas-d'Azil échappés par miracle au massacre qu'en firent les Huguenots en 1570.

Voilà pourquoi Dieu bénit la noble châtelaine, Mlle Pauline de Lapasse, en lui envoyant une fortune qui lui permit de soutenir son rang et son grand nom, pendant sa vie, hélas, trop courte !

Montaut était avant la révolution une paroisse qui jouissait d'un revenu fort considérable. C'est aujourd'hui un simple hameau, dépendant de la commune de Montbrun. Il possède toujours sa chapelle antique de saint Roch, dont la tradition du pays fait remonter la fondation à l'année 1340. Auprès de cet oratoire vénéré se trouve toujours la fontaine du bienheureux, aux eaux de laquelle la foi de nos pères attribuait la guérison de toutes les maladies contagieuses. C'est toujours un lieu de pèlerinage célèbre. Tout Montbrun s'y rend en procession le jour de saint Roch, et s'y rencontre avec toutes les paroisses voisines. Ce concours extraordinaire et périodique de pèlerins, par le temps sceptique où nous vivons, atteste qu'à ce modeste oratoire se sont opérés jadis des prodiges, lorsque les peuples croyaient à la puissance de l'intercession des élus. Le peuple valait mieux quand il comptait sur les saints, qu'aujourd'hui qu'il espère son salut de la vertu de *l'internationale*; décidément l'impiété populaire n'est pas un progrès.

Cittas, avec le *trou* de sa montagne de *Roco-courbéro*, refuge inaccessible d'une multitude innombrable de corbeaux.

Montesquieu, dit de Volvestre, à cause de la rivière du Volp, qui arrose cette riche vallée depuis Sainte-Croix jusqu'à Cazères, avait une consorte de huit prêtres. Ce qui prouve avec quelle sollicitude l'ancien épiscopat de l'Église gallicane s'occupait du soin des âmes des villes *rurales*, qui n'avaient pas comme les cités *aristocratiques* le luxe si commode des corps religieux.

Or, avant la révolution on appelait consorte une communauté de prêtres séculiers qui étaient tenus non à l'office canonial, mais uniquement à faire le service paroissial de l'église qu'ils desservaient. Ces consortes ou ces communautés de clercs séculiers étaient les curés de la paroisse, et ses décimateurs. Elles se composaient de six, huit, dix ou douze prêtres, suivant la richesse de la dotation. Elles pouvaient avoir un vicaire à la portion congrue, c'est-à-dire un vicaire auquel elles donnaient une certaine portion des fruits ou une pension convenable pour son honnête subsistance. Le proverbe calomnie cette *portion*; car si les gros décimateurs ne la faisaient pas très-copieuse, ils la servaient du moins suffisante.

Le nombreux troupeau de Montesquieu-Volvestre avait donc autrefois toute une communauté de ministres vertueux, qui travaillait au salut des âmes. Et cependant ici, je suis malheureusement forcé d'avouer que tous les efforts réunis de ces huit saints prêtres ne purent jamais arriver à assouplir le caractère indomptable de leurs paroissiens trop revêches.

Le seigneur du lieu, le marquis Bertrand de Molleville, dernier ministre de la marine sous Louis XVI, avait eu le malheur, par ses vertus, peut-être, comme autrefois le juste Aristide, de déplaire à ses irascibles vassaux. Aussi, quand éclata la première révolution, ils se portèrent en masse à son château de *la Loubère* : manoir splendide, qui était le plus beau et le plus fort du pays. Dans une heure, comme ils travaillaient tous : hommes, femmes et enfants, *ab irato*, il ne resta pas une seule pierre, grosse seulement comme une noix de galle, pour attester aux passants que jadis *la Loubère* était là.

Les gens de Montesquieu, du reste, quand on les prend à rebrousse-poil, sont de très-mauvais coucheurs. En 1830, l'abbé Grangeau, leur curé, qui était très-saint, mais très-peu aimable, ne voulait pas quitter son poste, se disant inamovible. Ses tendres brebis lui poussèrent alors un argument *ad hominem*, bâti d'après les règles de la logique américaine, lequel lui fit comprendre que pour les mener paître, l'inamovibilité ne suffisait pas, que l'invulnérabilité était encore requise. C'est alors qu'il se décida à les envoyer paître toutes seules, et à déguerpir sans leur montrer même ses talons, que sa mère n'avait pas plus trempés dans les eaux bourbeuses du Styx que Thétys n'y avait plongé celui par lequel elle tenait son héroïque nourrisson. Quelques agneaux de Volvestre adressèrent, par forme de salutations respectueuses, à leur bien-aimé pasteur qui s'enfuyait, une paire de balles qui traversèrent la capote de son cabriolet tout près de ses oreilles.

Dès le douzième siècle déjà, Montesquieu-Volvestre possédait un monastère de l'ordre de Fontevrault.

Le Plan, petite ville très-forte. Son magnifique clocher tout en pierre de taille, était jadis une citadelle formidable, laquelle garde encore ses deux tours, ses archères et ses créneaux. Une porte, avec ses herses et son pont-levis, s'y est miraculeusement conservée. Ses rues, symétriquement disposées, sont toutes tirées au cordeau. Ses bastions et ses courtines, construits en terre glaise, étaient d'une épaisseur énorme et d'une solidité granitique. Des vandales, nés dans la commune, démolirent, il y a quarante-six ans, ces fortifications majestueuses qui attestaient l'antique importance de cette petite ville. Cette opération monstrueuse donna un mal infini. Il m'en souvient quoique je fusse fort jeune à cette époque. J'étais là chez une de mes tantes maternelles, ancienne religieuse de Saint-Bertrand-de-Comminges. Ma famille, pauvre alors, m'avait placé auprès d'elle afin que cette riche et spirituelle parente m'enseignât bien et au plus juste prix, ce qu'ailleurs on m'aurait appris mal et en payant. Je me rappelle que mon aimable institutrice, que je nommais *Nani*, qui n'était que le mot *nonne attendri*, pleurait sur ces ruines quand nous allions les visiter ensemble. La terre de

ces démolitions colossales servit à combler les immenses
fossés de défense qui entouraient la place. En ce moment ma
plume passe sur une larme que fait couler le souvenir de la
destruction de tant de merveilles, restes précieux d'un âge
qui n'est plus.

Martres et sa miraculeuse fontaine, sur les bords de laquelle combattit, fut tué et pompeusement inhumé par les
infidèles eux-mêmes, l'illustre Saint Vidian. Du reste, Martres
n'est que *Martris* en latin, abréviation de *martyris*, qui veut
dire *ville du martyr*.

Chaque année, le dimanche de la Trinité, la jeunesse de
Martres simule, sur les bords de la fontaine, un combat en
mémoire de la grande bataille du mois de juin 732. Dans
cette gigantesque affaire le brave saint Vidian, aujourd'hui
patron de l'ancien faubourg méridional de Calagorre, commandait l'aile gauche de l'armée chrétienne.

Telle est donc la grande *bataille de Calagorre*, la plus
culminante du VIIIᵉ siècle : elle entraîna la ruine de cette cité
célèbre ; elle ouvrit les portes de la Gaule à *l'invasion des
barbares mauresques* qui occupaient l'Espagne ; mais aussi elle
immortalisa Vidian ; elle plaça ses cendres sur les autels ;
elle grava ses titres sur les colonnes du Panthéon et donna
un nom sacré à Martres-Tolosane.

Cazères est placée dans un des plus beaux sites du monde.
La paroisse était desservie par une *consorte* composée de six
prêtres. Les traditions locales et des peintures murales at-
testent qu'elle fut aussi administrée par les Capucins, qui
y avaient une magnifique résidence; par saint Ignace et ses
premiers compagnons, à titre de curés primitifs.

Ici j'ai pour témoins : des faits et M. l'abbé Belhomme, curé
de Launaguet, ancien vicaire de Cazères, où il a laissé de si
excellents souvenirs. Ce zélé pasteur n'est pas pour rien de
la famille de Belhomme, notre ancien et si charmant archiviste. Or, à ce titre, c'était à lui que revenait naturellement
l'honneur de découvrir et la gloire de faire maintenir ces
peintures à la fresque si précieuses et si antiques.

A deux kilomètres de Cazères, à l'ouest, je rencontre le château de Simorre, qu'habite M. le comte de Foix. Je n'entre pas, je me tiens sur la voie romaine qui longe le manoir. A la porte, je m'arrête pour écouter les débats entre les deux maisons de Foix ; elles se disputent leur grand nom. Qu'elles me permettent de vider, par voie d'arbitrage, l'éternelle querelle entre Jacob et Esaü, puisque un plat de lentilles ne peut les accorder.

Le tronc des comtes de Foix a deux branches : l'aînée et la cadette. Voici leurs droits respectifs : elles seront toujours d'accord si elles les respectent réciproquement. Ici, d'ailleurs, il y a de la gloire pour deux.

La branche cadette possède une magnifique compensation ; elle a donné de son sang à Henri IV. Ce monarque populaire, en effet, par le côté maternel, descend des comtes de Foix. Voici comment :

Grand'mère, Isabelle de Foix ;

Fille, Madeleine ;

Petite-fille, Catherine.

Catherine, en janvier 1486, épouse Jean Sire d'Albret, roi de Navarre.

Ces deux époux ont un fils unique :

Henri I d'Albret.

Henri I d'Albret épouse la veuve du duc d'Alençon, Marguerite, sœur unique de François 1er.

Ces deux époux ont une fille unique :

Jeanne d'Albret.

Jeanne d'Albret, le 20 octobre 1548, épouse Antoine de Bourbon.

Ces deux époux ont un fils unique :

Henri II pour la Navarre ; Henri IV pour la France, dont il est roi le 2 août 1589.

C'est ainsi qu'en remontant les branches maternelles de l'arbre généalogique de Henri IV, nous trouvons d'abord : dans la carapace du château de Pau, le 13 décembre 1553, Henri IV.

Nous rencontrons ensuite :

Sa mère, Jeanne d'Albret ;

Son grand-père maternel, Henri I d'Albret ;

Son aïeule, Catherine de Foix ;

Sa bisaïeule, Madeleine de Foix ;

Sa trisaïeule, Isabelle de Foix, fille de Bernard II de Foix, cousin germain de Phébus ; fils de Roger-Bernard, frère d'un autre Roger-Bernard, aîné et père de Phébus.

Voici donc les généalogies de la branche aînée et cadette :

Aînée :	Cadette :
Roger-Bernard,	Roger-Bernard,
Gaston-Phébus,	Bernard II,
Un fils, une fille.	Mathieu, Isabelle.

Gaston-Phébus croit que son fils, à l'instigation de son beau-frère, Charles-le-Mauvais, veut l'empoisonner. Il l'enferme dans une tour de Foix. Le jeune comte se laisse mourir de faim.

Avec lui finit la descendance mâle directe de la branche aînée des comtes de Foix.

Il existe pourtant dans le pays de Foix une tradition locale tellement enracinée qu'elle me paraît transmettre une vérité généalogique.

Phébus avait eu de sa femme Agnès une fille belle comme son père. Mais son fils étant mort avant lui, il fait donation des domaines des comtes de Foix aux roi de France.

Le duc de Berri, oncle de Charles VI, et régent du royaume pour le compte de son infortuné neveu, tombé en démence, connaît bien l'existence de la fille de Phébus. Il craint qu'elle ne revendique ses droits. Comme il veut vendre le comté de Foix à Mathieu, neveu de Phébus, il fait enfermer sa fille dans une vieille tour de Labastide-de-Sérou. Cependant, la belle recluse a touché le cœur d'un jeune seigneur de la contrée. Il favorise l'évasion de la jolie captive qui devient son épouse.

C'est de cette souche tombée à cette époque *en si belle que-*

nouille que sont sortis les seuls et vrais descendants de Gaston-Phébus.

Donc, d'après cette antique tradition, qui vaut mieux qu'un parchemin douteux, le dernier descendant direct et majeur de Gaston-*Phébus*, est aujourd'hui M. le vicomte Henri de Foix, âgé d'une quarantaine d'années. Il est juge, *vicaire* ou *Viguier* d'Andorre. Il a trois enfants : deux garçons et une fille. Un quatrième lui est mort tragiquement, asphyxié par une châtaigne, que son petit gosier ne put avaler.

Les autres comtes de Foix appartiennent à la branche cadette commencée par Mathieu, vicomte de Castelbon. Mathieu, neveu de Phébus, étant mort sans enfants, la succession est continuée par sa sœur Isabelle, nièce aussi de Phébus, comme fille d'un cousin germain du beau comte.

Isabelle épousa Archambaud de Grailly, captal de Buch, lequel, en 1401, par lettres patentes du roi Charles VI, changea son nom de Grailly en celui de comte de Foix.

Isabelle Archambaud, comtesse de Foix, fut donc l'Eve heureuse qui devint la souche maternelle de Henri IV et des cadets de Foix.

Cazères et Martres se disputent à tort un nom ancien, celui de *Calagorris*, qui leur appartient par individis.

En effet, Martres était un faubourg en amont de la Garonne, auquel Saint-Vidian a donné son nom.

Cazères ou Carères ou *Casas-ire;* Palaminy ou *Palàm-ire* étaient deux autres faubourgs en aval du fleuve. Entre ces deux extrémités, sur la rive gauche de la Garonne, les Romains avaient bâti la cité splendide et formidable de Calagorre. C'était la clef des Pyrénées, et un rempart élevé contre toutes les invasions venues de la péninsule Ibérique; car ils se souvenaient d'Annibal.

Or, ici, militent en faveur de mon opinion nouvelle, parce qu'elle est vraie, la voie romaine qui passait à côté de cette ville, jadis fameuse, sous les remparts de laquelle se donna le terrible combat dans les plaines de *Saint-Cizi*. Là, en effet, il suffit de gratter la terre pour mettre à découvert des ossements humains et des tombeaux de pierre.

Les traditions qui valent mieux que les histoires muettes ou mensongères la confirment.

Du reste, elles existent encore les deux sentinelles, toujours en faction, qui gardaient cette ville; mais elle sont en guenilles, elles sont pétrifiées ; car jamais depuis douze siècles on ne les a relevées : ce sont le château de Saint-Michel et la Tour d'Ausseing.

Enfin, j'invoque encore ici le témoignage infaillible de ces ruines magnifiques qui furent découvertes, il y aura bientôt cinquante ans, à Martres, sur les bords de la rive gauche de la Garonne. J'allai visiter ces merveilleux débris. J'étais bien jeune alors, et pourtant, je n'ai pas oublié l'impression que fit sur moi la vue de l'aire recouverte d'une mosaïque dont le dessin était si varié et les couleurs si fraîches. C'était là, sans doute, un temple superbe bâti par les Romains au Dieu Mars, pour qu'il daignât protéger leurs armes dans ces contrées belliqueuses et empêcher de passer tout ennemi de Rome ; le souvenir du Tésin, de la Trébie, de Trasimène et de Cannes troublait toujours le sommeil de ces maîtres du monde. Ah ! ils avaient raison de ne plus confier à *des oies* ou à de *mauvais généraux*, qui sont pires encore, la garde du Capitole.

Ces mêmes Sarrasins ou Maures d'Espagne, après avoir détruit cette ville prise d'assaut, et qu'ils ne voulaient pas laisser sur leurs derrières, en cas d'échec, continuèrent à ravager le midi de la Gaule jusqu'à Poitiers, sous la conduite d'Abdérame. Or, c'est dans les plaines, entre Tours et Poitiers, que Charles-Martel ou Martin, fils de Pépin-Héristal et de la belle Alpaïde, maire du palais, les tailla en pièces, pendant toute une longue journée du mois d'août de l'année 732.

Le récit que je viens de faire est le seul qui soit parfaitement conforme aux monuments de cette vieille époque, aux traditions locales, que j'ai religieusement recueillies , ainsi qu'à l'histoire bien comprise de ces temps reculés.

J'ai la douce confiance que mon sentiment sur ces matières sera embrassé par les hommes, qui toujours critiquent et apprécient les vieilles histoires , que d'autres acceptent comme un *credo*, parce que Leipsick, Genève ou Leyde les imprima.

Montoussin et son vertueux château où est née une héroïne, Mlle de Rabaudy. A Toulouse, par une noble alliance, cette sainte et valeureuse châtelaine, devenue Mme de Cassan, aima mieux monter sur l'échafaud que mentir, en niant qu'elle eût envoyé des secours aux émigrés. Ah ! et puis qu'on dise que les Gascons sont des menteurs !

Casties-Labrande, patrie trop inconnue d'un grand personnage pourtant, que nous avons tous chéri, l'aimable vicomte de Lapasse, ancien ambassadeur de Naples.

Lafitte, avec son château bienveillant et ses illustrations permanentes.

Saint-Elix, dont le château princier fut bâti par François Ier en l'honneur de je ne sais quelle Aspasie des bords de la Garonne. Ce roi chevaleresque écrivait un jour de Pavie à sa mère : *Madame, tout est perdu , fors l'honneur.* Ici, ce prince scandaleux, caché dans un coin de l'orangerie ou derrière les monumentales charmilles, aurait pu écrire à sa femme : *Madame, tout est sauvé , fors la fidélité conjugale!* Heureusement, que cette résidence splendide est tombée aujourd'hui en bonnes mains, celles de M. le Marquis Henri de Suarez d'Almeyda, qui la réhabilitent.

Lavelanet, où mourut Caffarelli du Falga, commissaire extraordinaire du premier empire pour le midi de la France.

Le château ravissant de la Terrasse , appartenant aux marquis d'Hautpoul, dont le général exécuta, à la tête de dix milles hommes, à Austerlitz, la plus belle charge de cavalerie dont l'histoire fasse mention. Cette brillante manœuvre décida du sort de la bataille.

C'est là que mon père de nourrice, le brave Lantourville,

ordonnance du général, s'aperçut après la chaleur de l'action qu'un boulet russe lui avait emporté un mollet, dont il s'est passé pendant soixante ans.

Le midi se souvient encore du combat de la Terrasse du XXI thermidor an VII de la République française, où mon grand-père commandait en chef l'armée royale triomphante.

Carbonne avait une consorte de huit prêtres, dont faisait partie l'abbé Capoul, prédicateur célèbre. Après plus de quatre-vingts ans, la tradition du pays parle encore de lui comme d'une merveille oratoire : *Defunctus adhuc loquitur* ; Il est mort et pourtant il parle encore.

Carbonne, est la patrie de Dupau, vrai général de génie, auquel nous devons les forts de Paris, qui ont capitulé devant la famine et nullement devant les tubes de M. Krupp.

Il ne faut pas se figurer, en effet, que les Allemands soient des héros. Ils ont triomphé à cause qu'ils n'ont rencontré que des Thersites. Ils sont entrés dans Paris parce qu'on leur en a ouvert les portes ; et ils n'y ont laissé d'autres traces de leur passage que celles dont les Harpies jadis gratifièrent Phinée. Oui, il a fallu dix mille travailleurs nocturnes pour enlever les ordures de ces faméliques et insatiables *Gargantuas*.

Marquefave, ancien camp romain de Marcus-Favius, qui lui donna son nom. Le village avait autrefois un couvent.

Montaut, dont la belle église fut bâtie au XII° siècle par les largesses de Dodon, comte de Comminges. Ce temple si ancien a été magnifiquement restauré par le curé actuel, mon ami l'abbé Rouzés, malgré toutes les tribulations, les loups qui ont hurlé sans oser pourtant le mordre, l'eau qui manquait pour son mortier et les balles qui n'ont pas su l'atteindre.

Longages s'enorgueillit toujours des ruines merveilleuses de son royal prieuré.

Labastide-des-Feuillants montre encore avec respect les saintes décombres de sa riche abbaye. C'est dans ce magnifique couvent, dont deux fois j'ai admiré, la larme à l'œil, les nobles ruines, qu'en 1577, le bienheureux Jean-de-la-Barrière, abbé commenditaire, opéra la célèbre réforme de l'ordre de Saint-Bernard. C'est donc de cette maison-mère que partirent les vertus et les règles qui renouvelèrent une antique congrégation abaissée.

L'abbaye des Feuillants fut fondée en 1145. En latin, elle portait le nom gracieux de *Fullium*, à cause du bois touffu au milieu duquel elle fut construite.

Gaillac-Toulza ou Toubra possédait une superbe abbaye royale de Cîteaux fondée en 1147. Elle se nommait *Calers*, à cause du ruisseau sur les bords duquel on l'avait établie.

Mauzac était le dernier clocher au nord du diocèse de Rieux. C'est mon ancienne paroisse. Quand j'y arrivai, je trouvai dans la sacristie quelques feuilles volantes du Missel, du Rituel et des livres de chant *secundùm ritum rivensem*. Je m'empressai de tout mettre à l'ordonnance. Les murs intérieurs de son église sont recouverts de lambris de bois de chêne, dont deux panneaux parallèles portent chacun un écusson qui est un vrai chef-d'œuvre. Cette boiserie a été donnée par un de mes oncles, l'abbé de la Tour, mort curé de Mauzac en 1788. Son presbytère, qui est splendide, est encore un don de ce pasteur généreux.

Ce village était autrefois un bourg fortifié. Aujourd'hui, un des quatre murs d'une vieille tour forme la clôture granitique du côté du sud d'une étable à bœufs. J'ai vu de mes propres yeux cette vedette insurprenable des anciens temps, immobile à son poste de faction, qui semblait garder encore la rive droite de la Garonne. Ce monument précieux a été démoli, il y a quarante-cinq ans, par un vandale indigène. Les matériaux furent vendus pour acheter une cruche et un mouchoir qui devaient servir aux amusements publics de l'Invention de Saint-Etienne, jour de la fête locale du village.

Ce vase d'honneur était destiné à être suspendu aux branches des deux beaux ormeaux de l'Esplanade, afin d'être cassé par une villageoise dont les yeux étaient bandés. Le mouchoir était le prix de l'heureuse casseuse. Grand Dieu, que les enfants fous ou idiots ont gâté cette France que leurs pères avaient fondée si belle !

Sur la rive gauche, il existe encore un château ayant appartenu à l'ordre de Malte. Cette construction massive est remarquable par la symétrie des cailloux de la Garonne qui forment ses assises. Elle est bâtie sur plusieurs voûtes magnifiques, superposées. La tradition locale affirme qu'un de ces cintres superbes, dont on a laissé les décombres des siècles boucher l'orifice, forme un tunnel sous-fluvial qui traverse la rivière. Je n'y contredis pas ; car tout est possible à Dieu et aux Templiers.

Dans les champs qui entourent cet antique château, à l'architecture bizarre, au nord, le long du fleuve, il y a vingt ans à peine, le soc de la charrue découvrait des fondements d'une épaisseur prodigieuse, qui indiquaient un mur d'enceinte formidable. Ah ! de la gloire, la France en a partout, jusque même sous terre, et il suffit de remuer le sol pour que chaque coup de pioche en soulève un éclat !

Le diocèse de Rieux avait trois archiprêtrés : Saverdun, nommé l'archiprêtré de la montagne ; Fousseret, appelé l'archiprêtré de la plaine, et Latrape, dit archiprêtré du Terre-Fort.

Il comptait 103 paroisses, 35 annexes, 7,185 feux et 120 familles de gentilshommes.

Or, à une époque où la France avait 136 diocèses, dont 18 archevêchés et 118 évêchés, Rieux était encore un des grands et des beaux diocèses de la glorieuse Eglise gallicane.

L'abbé de l'Epée, né à Versailles en 1712, et mort à Paris en 1789, est le premier qui, en France, ait fait parler les muets.

Fousseret est le berceau de l'abbé Sicard, le second de cette majestueuse série de prêtres qui ont été les bienfaiteurs de cette portion si intéressante de la société et si cruellement déshéritée par la nature.

L'abbé Sicard, naquit au Fousseret l'an 1742, et mourut à Paris l'année 1822. Il devint célèbre dans le monde entier ; il agrandit la méthode de son prédécesseur ; il perfectionna un art inventé deux siècles avant lui, qui consiste à rendre aux muets une parole distincte ; mais dont le son est atroce.

Le troisième est l'abbé Chazotte, l'homme le plus habile qui ait paru pour parler le langage mimique.

Le quatrième, c'est mon aimable compatriote, l'abbé Catala. C'est lui qui a dirigé les constructions de l'établissement des Sourds-Muets de Toulouse, que le bien-aimé Monseigneur Mioland payait avec tant de générosité.

Enfin, le cinquième et le dernier, c'est mon ami le si intelligent abbé du-Hagon.

Sous l'énergique direction de cet habile maître, l'art de la *démutisation* a fait de si rapides progrès, que toutes les fois que je me présente dans les classes, j'ai le plaisir de m'entendre appeler par mon nom, que les enfants scandent avec toutes ses particules pour démontrer la puissance de leurs langues merveilleusement déliées.

Donc, avant la fameuse séance donnée naguère par l'éminent professeur M. Giuseppe Rota à l'institution nationale des sourds-muets dirigée par le célèbre M. Etchevery, séance qui a tant émerveillé madame la maréchale de Mac--Mahon, M. du-Hagon m'avait déjà souvent démontré que *les sourds-muets parlent distinctement.*

Il est donc vrai que c'est toujours la religion qui fera parler les muets, entendre les sourds, marcher les boiteux et voir les aveugles de toute qualité.

C'est ainsi que dans ce cher diocèse de Rieux, la religion catholique avait pourvu avec une munificence divine au bien spirituel de ses enfants chéris, de ses citoyens passagers de la terre qui cherchent ici-bas les voies qui mènent à la cité permanente : *Manentem civitatem.* Indépendamment de ces cinq abbayes royales pour les hommes, il possédait encore un couvent à Marquefave, un à la Grâce-Dieu, un à Lissac, deux à Rieux, un à Cazères, un à Saverdun.

Le lot pour la clôture des femmes était splendide ; l'Eglise avait fourni à leur piété des ressources copieuses.

Campagne était dotée d'un admirable monastère de religieuses, fondé, disent les traditions locales, il y a mille ans, vers l'année 770. Il se nommait *Porte-Cluse*. Les ruines qui subsistent encore s'appellent vulgairement : *Les Monges*. J'ai fait des recherches incroyables pour découvrir à quel ordre appartenait cette sainte maison : elles n'ont point abouti.

Elles avaient encore le couvent des Salenques, fondé par Gaston Ier, comte de Foix, vers 1325, dans la paroisse de les Bordes, et celui de Volvestre réuni en 1181 au prieuré de Longages.

Enfin, le sexe pieux de ce magnifique diocèse possédait Valnègre, *Vallis-Nigra*, abbaye de Cîteaux, détachée de Bolbone en 1206. Et quand, pour des raisons majeures, ce monastère, l'année 1432, retourna à la maison-mère, la vertu des femmes ne demeura pas sans asile. Le diocèse de Rieux avait déjà depuis 1100 le prieuré splendide de Longages, dont je parlerai bientôt, à l'occasion de sa dernière prieure, ma tante, Mlle Rose de la Tour, en religion Madame de Saint-Léon.

Cent-dix-huit ans après celui de Longages, en 1218, fut fondé le prieuré de Sainte-Croix. Les ruines de ce beau monastère existent encore ; mais la chapelle, au lieu de servir d'église paroissiale, n'est qu'une ignoble grange. Ces couvents, de l'ordre de Fontevrault, se recrutaient d'ailleurs parmi les princesses et les filles cadettes de bonne maison. C'est ainsi que lorsque la tourmente révolutionnaire chassa ces saintes religieuses de leur cloître profané de Sainte-Croix, la noble demoiselle de Roquemaurel trouva un asile, avec quelques-unes de ses pieuses compagnes, dans un château antique qui, depuis des siècles, appartient à la digne famille de Maribail. Ce vieux manoir porte, du reste, un nom vraiment monacal ; car il s'appelle Guilhem-Luc. Ces augustes proscrites du riche couvent ne pouvaient donc trouver un plus convenable refuge.

Du reste, il n'existe pas dans ce beau diocèse de Rieux un seul mamelon tant soit peu escarpé qui n'offre au regard du touriste étonné les ruines menaçantes d'un vieux château-fort détruit. C'étaient là des citadelles inexpugnables que les aigles respectueuses de César et de Pompée, jadis saluèrent en passant, des aires inaccessibles qu'habitaient, bardés de fer, les fiers barons du moyen âge. C'est là que la France avait placé, sous la garde des aigles et des foudres, ses vieux titres de noblesse : noblesse d'épée, bien entendu ! Ah ! pourquoi faut-il que des lâches, comme jamais la terre n'en connut, aient émoussé la pointe de cette noble épée ! Mais, allons ! courage ! bientôt, *un autre* viendra qui aiguisera cette épée. Alors, malheur ! trois fois malheur au téméraire qui se trouvera au bout de cette épée, dont la pointe, alors enfin, sera parfaitement refaite.

Je suis entré dans le diocèse de Rieux par Noé; j'en sors par la même porte. Or, Noé, aujourd'hui, est une commune rurale de 900 habitants.

Pour le civil, il est canton de Carbonne, arrondissement de Muret, département de la Haute-Garonne.

Pour le spirituel, la paroisse ou la succursale Saint-Martin de Noé est du doyenné de Carbonne, archiprêtré de Muret, diocèse de Toulouse.

Le notariat de Noé fut créé par édit royal de Louis XII, l'an 1510.

L'importance antique de cette agréable petite ville fut tuée par le chemin de fer des Pyrénées, que l'égoïsme aveugle d'un couple de propriétaires de cette localité, dont les deux sous ce rapport formaient la paire, eut l'insigne maladresse de faire porter à plus de deux kilomètres de distance.

La voie ferrée, en effet, lui a enlevé ses douze beaux hôtels : parmi eux celui du Lion d'or, l'un des plus célèbres de la route, dont la splendide écurie pouvait remiser tout un escadron de grosse cavalerie, et dont la délicieuse cuisine de Dupuy son propriétaire arrachait à tous les Milords repus ce compliment d'un grotesque sublime : « *Vous, mossieu, être un grand homme.* » Elle lui a ravi la poste royale avec ses quarante chevaux et tout son personnel si bruyant et si pompeux ; ses trente diligences, qui dans les vingt-quatre heures faisaient vibrer, en roulant sur le pavé de la rue, les vitres de ses habitations ; ses innombrables relais ; ses cinquante lourdes charettes de gros roulage traînées par cinq magnifiques chevaux, lesquelles dans l'espace d'une journée la traversaient majestueusement dans toute sa longueur ; ces convois interminables de chars à quatre roues et à essieux de bois attelés de vaches petites mais vigoureuses, qui venaient échanger les produits si variés de la montagne contre le vin si recherché de la plaine : voilà ce que Noé a perdu en substituant des rails de fer à ses ornières de boue. Aussi, le dixième de sa population a-t-il quitté cette ville désormais morte à l'industrie. Puisse, cette patrie bien-aimée renaître, à titre d'heureuse compensation, à son antique ferveur chrétienne et à ses vieilles et saines traditions politiques ! ! ! ! !

Ce préambule m'a semblé indispensable ; le lecteur aime à connaître le terrain sur lequel il marche. D'ailleurs, ces notions sont inédites ; car personne avant moi n'avait pris la peine d'aller, comme un frère quêteur de la science, mendier de village en village les traditions locales qui sont certaines comme un dogme et pittoresques comme une merveilleuse légende.

Du reste, quand parut la première édition de ma brochure, cette étude sommaire sur les traditions locales du diocèse de Rieux charma tellement la presse parisienne, qu'elle me fit l'honneur, certainement immérité, de la comparer aux immortels travaux d'Augustin Thierry.

3

CHAPITRE II.

Légende des premiers ancétres de la famille de la Tour de Noé.

Le huitième siècle de l'ère chrétienne avait à peine vingt-et-un ans, quand la gloire naissante de la famille de la Tour de Noé, commença à briller dans son berceau militaire.

Cette famille déjà vertueuse, riche, et nombreuse habitait Noé, petite ville murée du Languedoc, située sur la rive gauche de la Garonne et sur la voie romaine qui menait aux Pyrénées.

Elle savourait à longs traits ce bonheur modéré, mais permanent, qui autrefois à la campagne avait coutume d'élire domicile aux foyers domestiques, où cohabitaient la fortune et la ferveur chrétienne. Voilà que tout à coup des bruits de guerre, mais de guerre atroce viennent troubler ce calme et ce bonheur. Une armée formidable de Maures ou Sarrasins d'Espagne franchit les Pyrénées et semant sur sa route l'apostasie, les ruines et la mort, arrive sous les remparts de Toulouse qu'elle assiége.

Le chef de la famille de la Tour de Noé monte sur son cheval de bataille et vole se ranger sous les drapeaux d'Eudes, Duc d'Aquitaine. Les troupes musulmanes sont anéanties. La Tour de Noé meurt sous les murailles délivrées de l'antique cité, après avoir eu la gloire le 11 mai 721 de tuer de sa main AL-SAMAH, Emir des infidèles. C'est ainsi qu'il vengea sur la personne de ce cruel général les murs de Noé rasés, ses maisons pillées et incendiées, ses terres dévastées et sa religion honteusement outragée.

Or, toutes les fois que les hordes Arabes, semblables à une avalanche humaine, descendaient des pics méridionaux, pour saccager les plaines fertiles qu'arrose la Garonne, elles rencontraient toujours un de mes ancêtres qui leur disputait le passage. La légende du pays rapporte que ces intrépides guerriers, pendant des journées entières, - plongaient le fer de leur lance invincible dans les poitrines d'une multitude innombrable de ces ravageurs insatiables. Elle est donc pure la source de la gloire militaire de mes aïeux; car, si jamais la guerre est juste et légitime, c'est quand on la fait pour ses autels et ses foyers: *Pro aris et focis.*

Dans ma narration je ne suis que l'écho fidèle des récits de batailles dont tout enfant j'ai entendu mille fois retentir le foyer domestique. A cette époque, qui déjà me semble reculée, l'opulence n'avait pas encore déserté la maison paternelle, le crêpe de la misère n'avait pas voilé l'éclat de l'or de notre antique blason. C'est pour cela qu'aux veillées de famille, mon grand-père et mon père se plaisaient à raconter à leurs nombreux amis du village les exploits de leurs ancêtres! Et moi, après avoir entendu ces martiales histoires, je voulais toujours aller me coucher sans chandelle et sans l'assistance de *Victor*, notre valet de chambre, pour prouver que j'étais aussi de la race des braves.

Je confesse sincèrement ici que j'ai été violemment tenté d'intituler ce chapitre : *Temps héroïques de mes ancêtres.* Un sentiment profond de modestie, seul, a pu m'empêcher de succomber à une tentation pour moi presque irrésistible.

Il ne faut pas se figurer d'ailleurs que nos prénoms et nos noms patronimiques aient été primitivement une affaire de hasard, de caprice et de pure fantaisie : pas le moins du monde ; car leur origine est parfaitement logique.

Voici donc la raison d'être du prénom et du nom de mes nobles ascendants.

Quand mon premier ancêtre historique eut tué sur le champ de bataille le terrible AL-SAMAH, qui était la terreur des chrétiens du midi de la France, on le surnomma *Gabriel ou force de Dieu* : *Fortitudo Dei*. Ses descendants se gardèrent bien de jamais se dessaisir d'un pareil héritage.

Noé était autrefois une ville forte et murée, bâtie par les Romains au milieu de la plaine de Toulouse, afin de protéger le cours de la Garonne et la voie romaine, si *Calagorre*, forteresse frontière, venait à succomber. Les tours faisaient la principale force des places de guerre dans l'antiquité et pendant le moyen-àge. Or, mes ancêtres habitaient le château-fort de Noé, que surmontait une énorme tour dont les restes subsistent encore : seulement, le pacifique messire Rougier en convertit le donjon en inoffensif et productif pigeonnier.

La garde de cette formidable tour était confiée au courage de mes anciens aïeux.

Voilà l'étymologie historique du prénom et du nom de : GABRIEL DE LA TOUR DE NOÉ.

CHAPITRE III.

Histoire des ancêtres de la famille de la Tour de Noé.

Je viens d'indiquer l'origine vraie, mais légendaire de la notoriété publique et glorieuse de mon ancienne famille.

De 721 à 1095, mes plus actives recherches ne m'ont rien fait découvrir sur le compte de mes ancêtres. Mais à partir du onzième siècle, je rentre dans le domaine exclusif de l'histoire, et je marche alors appuyé sur des souvenirs fidèles, des traditions sûres, des monuments contemporains des faits que je raconte, mais principalement sur *le mémorial de la famille* composé par mon grand-père.

DE LA TOUR DE NOÉ GABRIEL I, PREMIER COMTE DE NOÉ.

Le 14 du mois de novembre de l'an 1095, Urbain II ouvrit le fameux concile de Clermont. Vers la fin de ces solennelles et pieuses assises l'illustre pontife se rendit sur une place publique, et là, en présence d'une foule immense, il prêcha la première croisade en termes si éloquents que le peuple enthousiasmé s'écria comme de concert : *Dieu le veut, Dieu le veut!*

Peu de jours s'étaient écoulés depuis la publication de la croisade, que déjà de la Tour de Noé avait cousu la croix rouge sur son épaule droite.

Cette adhésion soudaine à une entreprise à la fois gigantesque et religieuse ne saurait m'étonner ; une pareille expé-

dition souriait à ses vertus guerrières, sans froisser ses
sentiments chrétiens. Mes ancêtres, en effet, aimaient la guerre
non par passion, habitude ou passe-temps, mais uniquement
par devoir. La délivrance du saint-sépulcre provoquait les
élans de leurs instincts chevaleresques et les sympathies de
leur piété native; car ils appartenaient à cette *couche sociale*,
où la nature et la grâce déposent leurs plus précieuses riches-
ses. D'ailleurs, ils étaient tous des hommes superbes, intrépides et forts : avantages énormes dans un temps où la guerre
se faisait à dix pas de distance avec les lances des hommes
et non point comme aujourd'hui à dix kilomètres de portée
avec des boulets de canons d'acier. Après cela, on comprend
aisément pourquoi de la Tour de Noé accourut se ranger sous
les enseignes déployées de Raymond IV, de saint Gilles,
Comte de Toulouse, qui commandait le troisième corps de
l'armée des croisés de la France.

De la Tour de Noé Gabriel I était né l'an 1070. Il avait
donc vingt-six ans quand il partit, à la fin du mois d'Octobre 1096, suivi de son fidèle écuyer, pour la Terre-Sainte,
en qualité de Chevalier Croisé : *Miles cruce signatus*.

Le vendredi 15 Juillet 1099 à quatre heures du soir, de la
Tour de Noé à la suite de Raymond son général entrait l'épée
à la main dans Jérusalem emportée d'assaut. Il ne quitta la
Terre-Sainte, pour rentrer dans sa patrie, qu'au mois de
mars 1105, après la mort du Comte de Toulouse, arrivée le
dernier de février de cette même année.

En récompense, de sa bravoure et des services rendus à
l'armée des croisés pendant son séjour en Terre-Sainte,
Philippe premier roi de France créa de la Tour Gabriel I
Comte de Noé.

Les privations qu'il avait endurées en Orient, les blessures nombreuses qu'il avait reçues dans cette glorieuse mais
terrible expédition abrégèrent son existence. De la Tour Gabriel premier Comte de Noé mourut âgé seulement de soixante
ans, l'année 1130.

Les documents que j'ai pu me procurer me permettent de

donner seulement les dates approximatives de la naissance et de la mort des treize successeurs et descendants immédiats de La Tour Gabriel I Comte de Noé.

De la Tour Gabriel II, Comte de Noé, né l'an 1100, mort l'an 1195.

De la Tour Gabriel III, Comte de Noé, né l'an 1130, mort l'an 1225.

De la Tour Gabriel IV, Comte de Noé, né l'an 1160, mort l'an 1255.

De la Tour Gabriel V, Comte de Noé, né l'an 1190, mort l'an 1285.

De la Tour Gabriel VI, Comte de Noé, né l'an 1220, mort l'an 1315.

De la Tour Gabriel VII, Comte de Noé, né l'an 1250, mort l'an 1345.

De la Tour Gabriel VIII, Comte de Noé, né l'an 1280, mort l'an 1375.

De la Tour Gabriel IX, Comte de Noé, né l'an 1310, mort l'an 1405.

De la Tour Gabriel X, Comte de Noé, né l'an 1340, mort l'an 1435.

De la Tour Gabriel XI, Comte de Noé, né l'an 1370, mort l'an 1465.

De la Tour Gabriel XII, Comte de Noé, né l'an 1400, mor l'an 1495.

De la Tour Gabriel XIII, Comte de Noé, né l'an 1430, mort l'an 1520.

De la Tour Gabriel XIV, Comte de Noé, né l'an 1460, mort l'an 1550.

CHAPITRE IV.

De la Tour de Noé Gabriel XV ou le dernier Comte de Noé du nom de la Tour.

Né à Noé l'année 1490, Gabriel XV fut le dernier des de la Tour qui porta le titre de Comte de Noé. Ce fut sous lui, en effet, que ce titre sortit de ma famille, pour entrer dans celle du Chevalier Rougier.

Ce fait immense a exercé une influence trop suprême sur les destinées de ma famille, pour que je ne me sois pas entouré de tous les renseignements qui pouvaient m'en rendre la certitude complète.

Voici d'abord l'histoire de ce fait capital.

Mon sixième aïeul avait eu la douleur de voir périr dix de ses enfants. Un seul avait survécu. En 1563, ce jeune homme était âgé de vingt-trois ans. Resté unique d'une postérité chérie, ce fils justement adoré faisait la consolation et l'espoir d'un père et d'une mère, qui ne pouvaient plus compter avoir d'autres descendants.

A côté de ces deux époux désolés vivait à Noé un gentilhomme riche et ambitieux. Il avait donné le jour à une douzaine de jeunes gens superbes et à une seule fille qui était la perle de la contrée tout entière. Le fils du Comte de Noé l'aima éperdument et voulut à tout prix l'avoir pour son épouse. Rougier exploita cette passion violente au profit de son immense ambition. Il déclara qu'il ne consentirait jamais au mariage de sa fille qu'à la condition expresse qu'il serait substitué au Comte de Noé, et qu'on lui vendrait les droits Seigneuriaux et le château féodal. Pour plaire à son cher Isaac, cet autre patriarche subit ces cruelles exigences. Charles IX roi de France ratifia cette substitution par lettres patentes datées de 1563. C'est à cette fatale époque que fut consommé l'énorme sacrifice, et que ma famille perdit sa couronne comtale. Voilà comment un de mes ancêtres vendit son droit d'aînesse non plus pour un plat de lentilles ou pour trente deniers, mais bien pour faire asseoir le bonheur et la paix au foyer domestique.

En 1793, la famille Rougier avait déposé le titre original et authentique de cette substitution fameuse aux archives de la commune de Noé, pour le mettre à l'abri du pillage et du feu. Là, tous pouvaient en lire aisément la teneur, avant qu'un incendie *volontairement allumé* ne fut venu en 1830 consumer et les registres de l'état civil et des papiers infiniment précieux pour ma famille et pour moi. Abolin qui avait acheté pendant la révolution les biens du Seigneur de Noé au prix de cent dix-sept mille francs; Abolin qui fut membre de la Convention nationale, membre du conseil général, notaire et maire de Noé, lequel ne mourut qu'en 1842, l'année même de mon ordination à la prêtrise, me disait souvent qu'il avait lu cette pièce importante dont par affection pour moi il regrettait vivement la destruction malheureuse. Un de mes oncles, de la Tour Germier, qui savait par cœur tous les titres nobiliaires de ma famille, parfois me récitait celui-la.

Dureigne, un de mes parents, aveugle de naissance, causeur intarissable, doué d'une mémoire phénoménale, lequel passait sa vie à aller de maison en maison recueillir les traditions locales, afin de les classer dans sa mémoire comme dans un répertoire fidèle, ne manquait jamais pendant les vacances de me rappeler cette époque néfaste.

On trouve des vestiges de cette substitution funeste dans les études des notaires de Carbonne, Longages, Lavernose, le Lherm, Colomiers, et dans celle de Rieux, de Toulouse.

D'ailleurs, pour me transmettre un pareil fait, les traditions de ma famille et de Noé étaient entièrement suffisantes.
Mon cinquième aïeul, en effet, n'est que le grand-père du
grand-père de mon grand-père. Or, mon trisaïeul connaissait
parfaitement ce fait qu'il a communiqué à son petit-fils,
mon grand-père, qui me l'a fidèlement transmis. Il ne faut
pas oublier, non plus, que j'ai conversé pendant plusieurs
années avec les anciens de mon village, qui eux-mêmes avaient
vécu vingt ans avec mon bisaïeul.

Et puis, quoique nobles, mes ancêtres savaient tous lire
et écrire : lire les notes qu'ils recevaient de leurs prédécesseurs et écrire celles qu'ils voulaient transmettre à tous leurs
descendants.

Enfin, autrefois les livres étaient rares, et les journaux
ne venaient pas porter quotidiennement une pâture fraîche à
l'avidité du lecteur. Les voies de communication n'existaient
pas encore ; les communes isolées les unes des autres formaient chacune comme un monde à part. Les localités diverses
étaient alors forcées de nourrir leur curiosité encore peu
développée avec des aliments du crû. Aussi, à cette époque
de calme les faits saillants accomplis en un lieu constituaient
tout le trésor des traditions locales, autour duquel montaient
la garde les familles qu'ils intéressaient, comme autrefois le
Dragon qui rôdait aux alentours du jardin des Hespérides,
afin d'empêcher que nul Hercule de l'altération ou de l'oubli
ne vint en amoindrir la valeur.

Cet événement si majeur était consigné dans les cahiers
de famille de mon grand-père qui étaient aussi exacts qu'une
minute de notaire. Or, quand on a le témoignage d'un pareil
homme, qui valait mieux que celui de Caton lui-même, on
peut se tenir parfaitement tranquille.

De la Tour Gabriel XV, entrevoyant le préjudice immense,
que dans l'avenir la cession de sa couronne de Comte à
Rougier causerait à tous ses descendants, mourut l'année
1564 du chagrin que lui causait le souvenir d'avoir commis
un pareil acte de faiblesse.

CHAPITRE V.

De la Tour de Noé Gabriel XVI.

Gabriel XVI naquit à Noé l'an 1540. Cet ancêtre sinistre, au cœur si fatalement tendre, signa d'une main tremblante de regret l'acte d'aliénation de son titre de Comte de Noé. Mais, lui, du moins, rencontra quelques dédommagements dans les charmes adorables et l'affection constante de sa Rachel bien-aimée, dont la main, hélas! lui avait coûté si cher!

Si un mortel misanthrope consacrait seulement quelques heures à entasser les débris des couronnes que la main d'une femme a brisées, depuis le beau diadème d'innocence qu'Eve arracha du front si pur d'Adam, jusqu'au bandeau comtal que *Marie Rougier* fit tomber de la tête trop faible de mon sixième aïeul, il pourrait élever une fameuse pyramide, laquelle par sa hauteur constituerait la huitième merveille du monde.

Gabriel XVI mourut l'année 1632.

CHAPITRE VI.

De la Tour de Noé Gabriel XVII.

Cet ascendant, né l'an 1611, aima passionnément la truelle. Pour remplacer le vieux manoir de ses pères, que des étrangers habitaient, il bâtit, à un kilomètre de Noé, sur le bord la route royale, nº 125, un château splendide qu'il appela *le château de la Tour du Gaillard du Port.*

Aujoud'hui cette résidence jadis vraiment Princière est en ruines. Des jardins vulgaires remplacent les beaux parterres anciens. Le chou vert croît où poussait le noble lis d'argent. La Tour démantelée sert aujourd'hui de colombier. Nuit et jour des pigeons ramiers profanent le donjon où montaient mes aïeux. Oui, hélas! dans ce monde *tout n'est que vanité!* Et le nom de *la Tour du Gaillard du Port* que conservent ces noirs décombres plane sur eux comme un fantôme, afin de rappeler aux habitants de Noé le néant de ses grandeurs passées. Ici même, le néant pour mieux affirmer sa survivance à toute chose humaine, applique le nom d'une réalité dominatrice et superbe à ce qui n'éxiste déjà plus qu'à l'état d'ancien et triste souvenir.

Gabriel XVII mourut l'an 1705.

CHAPITRE VII.

De la Tour de Noé Gabriel XVIII
où mon Trisaïeul.

Mon illustre trisaïeul naquit à Noé, l'an 1681. Le fameux abbé Sieyès, ce mensonger et dangereux phraséologue disait dans son coupable pamphlet : *Qu'est-ce que le tiers-état? Tout. Qu'a-t-il été jusqu'à présent? Rien.* Plus honnête politique que lui, mon vertueux ancêtre voulait que le clergé fut la lumière de la France par sa science, la Noblesse son modèle par ses vertus, le Tiers-Etat sa gloire et sa puissance par le développement continu de ses riches facultés. Il désirait que tous les membres de ces trois ordres fussent par droit de naissance frères et citoyens français; qu'ils devinssent égaux devant la loi, et seulement rivaux en patriotisme; qu'ils eussent la pleine liberté pour le bien, et que les chemins restassent toujours ouverts à tous les genres de mérite. Homme de progrès dans le vrai sens du mot, il répudiait les abus du passé; conservait tout le bien qu'il avait réalisé, et se soumettait avec discernement à ce qu'exigeait *l'état général des esprits modernes.* Bien différent de ces mortels jaloux qui feignent de mépriser la noblesse, parcequ'ils ne l'ont pas; qui en inventent même de fausses pour se consoler de n'être pas nés dans les rangs de la vraie, de la Tour de Noé n'admettra jamais qu'il existe quatre classes de noblesse : Celle du sang, de l'honneur, de l'intelligence et de l'argent. Doué d'un sens exquis, il avoue simplement que ces quatre éléments réunis constituent la splendeur de la véritable noblesse. Aussi cherchera-t-il à augmenter chez ses enfants les trois dernières ressources qui dépendent de l'activité humaine, afin de réparer la brèche irréparable, faite naguère par son coupable bisaïeul à la noblesse de sa race par l'abdication volontaire de sa couronne de Comte.

Tandis qu'aux mauvais jours du moyen-âge la grande naissance était une cause d'oisiveté et quelque fois d'ignorance, il lui sembla, au contraire, que *noblesse oblige* à tous les genres de distinction. C'est pour cela qu'il se livra aux soins de l'agriculture avec l'ardeur qu'inspire une légitime ambition. Bientôt, il tripla le revenu de ses terres. Il se mit ainsi à mesure de donner à tous ses enfants une instruction réellement complète ; de leur procurer les maîtres les plus renommés ; de doter richement ses filles ; et de laisser à ses fils les moyens de soutenir dignement dans la société le rang distingué que la providence avait daigné leur assigner. Et afin de les prémunir contre les dangers de la paresse et les caprices de la fortune, il assigna à tous une profession laborieuse et à quelques-uns un état lucratif. Mais, avant tout, il inspira à sa nombreuse famille la crainte du Seigneur, que ses pères lui avaient léguée comme la portion la plus précieuse de leur héritage. Le Dieu des vertus bénit des vues si saintes. Et tandis qu'une mère célèbre de l'antique maîtresse du monde ne put jadis fournir à la puissante république que des *bijoux* et des grands hommes, lui, père plus heureux, donna un jour et des citoyens illustres à sa patrie et un saint martyr à l'Eglise catholique.

Mon trisaïeul se maria deux foix : d'abord avec Mlle de Méritens de Marquefave, et en secondes noces avec Mlle de Guilhem de Latrape.

De ses deux épouses légitimes et de haute noblesse, il eut douze enfants : cinq fils et sept filles. En se mariant, cinq quittèrent leur pays : c'est à peine si j'ai pu découvrir leurs traces. Aussi, je n'en parle pas, pour ne point m'exposer à écrire sur leur compte des choses inexactes. Les deux autres, au contraire, me sont parfaitement connues. L'une de ces augustes tantes, avant la première révolution, était abbesse d'un magnifique couvent, à Boulaur, département du Gers, arrondissement et diocèse d'Auch.

Cette riche abbaye fut vendue comme bien national. Le Parisien qui l'acheta, la revendit fort gracieusement, moyennant un gros bénéfice. Ma tante donc, après la grande tourmente politique racheta son propre bien à ce complaisant propriétaire, de ses propres deniers. Voilà comment elle rentra dans ce beau monastère, qui lui fut alors doublement cher. C'est là qu'elle est morte en décembre 1837, de la mort des saintes femmes, propriétaire et supérieure d'un cloître qu'elle légua à la communauté.

Inutile de constater ici que ma famille respecta ce testament pie et des dispositions sacrées qui pourtant amoindrissaient considérablement sa fortune.

Ma seconde tante n'avait que vingt-cinq ans, lorsque l'ouragan révolutionaire la chassa du prieuré de Longages. Habitués qu'ils étaient à respirer l'atmosphère si pure du cloître, ses poumons vertueux cessèrent de fonctionner au contact de l'air empesté du siècle. Elle mourut de suite, mais saintement, comme asphyxiée par les miasmes délétères du monde. Claire de la Tour de Bonnefoy périt dès qu'un souffle de la terre la toucha, ainsi que se dessèche une tendre sensitive que la foudre a frappée.

On a dit de Louis XIII que pour occuper une grande place dans l'histoire de France il ne fut pas nécessaire qu'il possédât une haute valeur personnelle; qu'il lui suffît d'avoir eu le bonheur d'être le fils de Henri IV et l'honneur de devenir le père de l'immortel Louis XIV.

Mieux partagé, peut-être, que le monarque surnommé *le juste*, mon glorieux ancêtre eut à la fois le privilège d'une illustre naissance, le mérite d'une importance personnelle éminente et la félicité suprême de donner naissance à cinq fils, qui rappellent par leur nombre, leurs vertus et leur vaillance, les cinq enfants du célèbre Mathathias ainsi que les traditions impérissables de cette grande famille des Asmonéens.

Voici les noms de ces cinq augustes rejetons : De la Tour Gabriel XVIII ou l'aîné, mon bisaïeul, ou bien le père de mon grand-père ; l'abbé de la Tour, le curé de Noé ; De la Tour, le professeur à la faculté de médecine de Toulouse ; l'abbé de la Tour, le martyr ; enfin, De la Tour, le militaire.

Ces cinq de la Tour sont donc les chefs des cinq branches de ma famille de la Tour de Noé, à laquelle n'appartiennent ni les Latour, ni les de Latour de Carbonne, Muret et autres lieux.

C'est de ces cinq de la Tour dont d'abord je vais faire l'histoire. J'écrirai ensuite celles de cinq mes tantes, de trois oncles, et de mon grand-père.

Tels sont donc les héros bien-aimés des biographies que je livre à l'admiration des lecteurs. Après cela, je dirai un mot de mon excellent père et un demi-mot de moi-même.

Les matériaux que j'emploierai, pour édifier tous ces nobles monuments de famille, ont été empruntés à l'histoire et à des traditions locales beaucoup plus sûres, infiniment plus impartiales encore que l'histoire elle-même.

Toutes les fois qu'un fait domestique sera consigné dans une note de mon illustre et si véridique grand-père, je le citerai comme une vérité historique de premier ordre.

On comprend, d'ailleurs, que je ne puisse fournir ici de fort nombreux détails sur la vie de mon trisaïeul, sur l'existence d'un personnage si ancien. Ses actes n'étaient pas du domaine de l'histoire ; le village n'a pas de feuille officielle, et les traditions locales qui transmettent les actes peu saillants accomplis dans l'intérieur du foyer domestique s'éteignent toujours après avoir traversé un siècle. Les échos de Noé et de ma maison paternelle n'ont pu fournir à ma mémoire et à mes cahiers, que les actions les plus éclatantes d'un pèlerinage, dont le commencement remonte déjà à près de deux cents ans.

On peut néanmoins affirmer, avec une certitude complète, de cet ancêtre vénéré des choses identiques à celles que tous nos anciens livres inspirés disent des premiers patriarches : après avoir engendré des fils et des filles, il mourut l'an 1773 d'une mort précieuse devant le Seigneur, comme celle de ces antiques serviteurs du Dieu créateur, dont la vie avait été constamment le modèle de la sienne. Oui sa vie et sa mort furent vraiment patriarcales, et c'est avec bonheur que je regarde la source presque biblique de mon sang. A quinze ans, les vieillards du village me racontaient que dans leur jeunesse ils avaient mille fois entendu tout Noé répéter que mon trisaïeul était mort laissant la double réputation d'un personnage considérable et d'un grand saint.

Je termine cette importante Notice par une réflexion bien franche : je suis sorti de Dieu, et j'espère bien y retourner. Dans ces dispositions, on comprend que je me préoccupe infiniment peu des étapes intermédiaires qui séparent les deux bouts de ma carrière. Donc, sur les questions généalogiques, mon témoignage ne peut être suspect. Or, je connais l'ortographe du nom de tous les de la Tour du Midi. Pendant plus de quarante ans, j'ai écouté sans parti-pris le bruit qui se faisait autour de ce nom si sonore. Tous ceux qui le portaient ont rayonné un peu partout, disant ou laissant dire modestement qu'ils descendaient du grand Turenne. Cependant, il n'est pas douteux pour moi que les la Tour du pays descendent tous d'un la Tour de Noé, lequel, comme l'indique son nom, était un homme de guerre, mais de guerre du vieux temps. Or, les hommes de guerre d'autrefois étaient des soldats, non pas amateurs, mais artistes, auxquels les mots : Capituler, se rendre, fuir, reculer, avoir peur, trahir et autres de ce genre, étaient entièrement inconnus. Sur le champ de bataille, ils tuaient l'ennemi, ou l'ennemi les tuait. C'est ainsi qu'ils entendaient leur métier; car ils étaient de *Vrais soldats*. Donc, que mes homonymes se consolent, si nous sommes tous frères en la Tour de Noé.

Ce la Tour de Noé comme ancêtre originel et comme sou-

ché commune vaut certainement mieux encore que la Tour
d'Auvergne lui-même, lequel mourut l'année 4675 sans
laisser de postérité. C'est ainsi qu'à force de se montrer difficile sous le rapport de la généalogie, on finit par tomber
dans le cas de Melchisédech qui était *sans père et sans mère,*
encore que sans nul doute on se trouve bien ou mal pourvu
et de l'un et de l'autre.

CHAPITRE VIII.

De la Tour de Noé Gabriel XIX
ou mon Bisaïeul.

Cet ancêtre bien-aimé, se nommait *l'aîné* au foyer domestique, à cause qu'il était le Ruben d'une famille aux mœurs douces et primitives.

Né à Noé l'année 1703, il entra pleinement dans les desseins progressifs de son auguste père.

A cette époque de calme et de simplicité, les premier-nés des familles des grands Seigneurs des communes rurales vivaient tous sur leurs vastes terres, sans autres titres que celui de propriétaire, sans autres occupations que celle d'en surveiller la culture.

Malgré son droit d'aînesse, mon bisaïeul ne revint au domaine paternel qu'après avoir pris son grade de docteur *en l'un et l'autre droit : In utroque jure ;* que lorsqu'il eût prêté, à l'âge réglementaire, le serment d'avocat au parlement de Toulouse.

Rentré sous le toit héréditaire, il devint bientôt par sa générosité, sa bienveillance et ses hautes lumières l'idole de son village, la ressource et l'homme essentiel de la contrée tout entière. Sa clientèle était d'autant plus étendue, que ses consultations étaient toutes motivées comme un arrêt de cour de cassation, et toujours aussi, entièrement gratuites.

Le temps très-court que lui laissait le soin désintéressé des affaires d'autrui, il le consacrait à exploiter ses propriétés, qui étaient fort considérables. Il fallait, en effet, qu'il fit produire à ses terres des revenus suffisants pour donner à ses neuf fils et à ses cinq filles, en tout à ses quatorze enfants, une instruction complète, et leur fournir, à l'heure voulue, un établissement brillant, honorable et en rapport avec leur rang originel. Quant à leur éducation chrétienne c'était l'affaire exclusive et capitale de leur pieuse mère, admirable épouse qui était sortie de la noble famille de Gensac.

Quand on songe maintenant à la négligence coupable avec laquelle les parents, d'ordinaire, s'acquittent aujourd'hui d'un devoir, pour eux, néanmoins si consolant et si sacré, de la Tour *l'aîné,* qui le remplit avec une fidélité si irréprochable, est non-seulement un homme *illustre,* un grand homme, mais mieux que tout cela, un être parfait. On peut donc lui appliquer rigoureusement la formule vulgaire à cause qu'elle est sublime, et dire de lui aussi : qu'il fût bon fils, bon époux et bon père. Homère aurait affirmé qu'une telle créature était semblable aux Dieux immortels.

Mais, la gloire a toujours ses inconvénients ; un esprit poétique a dit : *Si le laurier écarte la foudre il attire l'envie.*

Les habitants du pays, comme autrefois ceux d'Athènes, aux temps d'Aristide, ne tardèrent pas à se fatiguer de l'entendre partout traité d'homme *juste et influent.* Ne pouvant s'en débarrasser, ils voulurent du moins ternir l'éclat de son immense réputation, en la couvrant des éclaboussures d'une poignée de boue ramassée dans un cloaque de noire calomnie.

La jalousie est une plante vivace et vénéneuse qui pousse sur les chemins déserts des campagnes aussi bien que dans les rues perpétuellement battues des cités importantes. Cette vile passion régnait à l'état latent dans certains cœurs pervers, et n'attendait pour manifester sa présence qu'une occasion propice. Elle s'offrit bientôt.

Pour exploiter plus commodément son immense domaine, mon bisaïeul l'avait percé de routes relativement splendides.

Or, dans un temps où les bons chemins étaient rares et regardés comme un objet de luxe, les habitants de Noé usèrent et abusèrent même de la permission de passer sur des voies qui ressemblaient à des allées d'agrément. Mon tolérant bisaïeul supporta patiemment cette lourde servitude. Mais, il exigea, à titre de juste compensation, que la commune payât la taille au Roi et la censive au Seigneur du terrain que ces routes occupaient. Ce fut là l'étincelle qui détermina l'explosion. Cet éminent personnage fut dénoncé en bonne forme comme usurpateur des chemins et des biens communaux. Au bas de ce libelle infâme, je découvre un nom funeste, horriblement griffonné. Et toujours à l'avenir on verra cette signature honteuse figurer sur les pièces administratives portant le cachet de l'injure et de la diffamation. Il est donc vrai qu'à tous les siècles, il exista dans les petites localités des familles perverses et maudites, au sein desquelles l'esprit de dénigrement et de délation se transmet de père en fils, comme un vice du sang et un mal héréditaire. Je transcris ici cette délibération aussi curieuse que sinistre.

Extrait du Registre des délibérations de la Commune de Noé, de l'an 1730.

L'an mil sept cent trente et le dix-neuf du mois de novembre, dans la maison commune du lieu de Noé, où les assemblées de la commune ont accoutumées d'être tenues, par devant Jean MAZIÈRES, avocat en Parlement, juge dudit lieu, et les sieurs Dominique CAZASSUS, Nicolas CATALAN et Jean REYNEZ, consuls, devant lesquels ont été assemblés en conseil général M. le Procureur jurisdictionnel dudit lieu, les sieurs Guilhaume DEPUIS, substitut de M. le Procureur général aux requêtes du Palais à Toulouse, Jean SERRES, François FAURÉ, Jean-Pierre MONSSINAT, Guilhaume DARÈS, Pierre DUFRÉCHOU, Jan SAINT-MARTIN, Guilhaume LARROUIL et François CASTEX. Devant lesquels par lesdits sieurs consuls est représenté qu'il serait de la dernière nécessité de prendre des expédiens pour porter M. le Marquis de Montaut à remettre le pont sur le canal du moulin de Montaut.

De plus, a été représenté par lesdits sieurs consuls que plusieurs particuliers., tant habitans que bientenans de la présente communauté, se sont emparés de la plus grande partie des patrimoniaux d'icelle, sous prétexte qu'ils allèguent avoir certains titres, qui sans doute sont fort chancelans, puisqu'ils n'ont jamais daigné les produire à ladite communauté, quoiqu'ils en aient été verbalement requis. Et d'autant qu'ils les jouissent sans en payer aucune charge, et que la communauté paye tous les ans une censive très-considérable au Seigneur dudit lieu, à cause d'eux. Il commanderait, pour l'intérêt de ladite communauté, de les faire délaisser avec restitution des fruits depuis l'indue occupation.

De plus, a été représenté qu'ils ont obtenu appointement devant les ordinaires dudit lieu contre Martin Fourcade dudit lieu en condamnation des arrérages de la ferme de certains communaux qu'il jouit de la dite communauté, duquel il aurait déclaré appel devant M. le Sénéchal de Toulouse, avec assignation à la dite Cour, laquelle va échoir. C'est pourquoi il convient de constituer procureur pour défendre sur icelle.

Sur la première proposition, a été délibéré qu'on nomme et constitue, pour la reprise de la dite instance, M. Reilles, procureur au Parlement.

Sur la seconde proposition, a été délibéré qu'on prie M. Reilles, procureur au parlement, de se donner la peine d'aller chez NOBLE DE LA TOUR, avocat en Parlement, pour le prier de faire le plaisir à ladite communauté de vouloir lui montrer les titres en vertu desquels il jouit certaines pièces des patrimoniaux, dont la communauté est chargée de payer annuellement la taille au Roi et la censive au Seigneur : ce qui paraît très-injuste. Et au cas où le dit NOBLE DE LA TOUR voudrait amiablement terminer les différens, au dit cas, on donne pouvoir au dit M. Reilles de nommer tel arbitre pour ladite communauté qu'il trouvera à propos.

Comme aussi, est donné pouvoir à M. Reilles, conjointement avec le syndic de la communauté, d'agir contre tous les particuliers de la communauté qui jouissent des patrimoniaux d'icelle par remise ou condescendance. Et au cas où tant ledit NOBLE DE LA TOUR que tous autres détenteurs desdits patrimoniaux, ne voudraient pas terminer leurs différens avec la dite communauté à l'amiable, au dit cas, donnons pouvoir au syndic d'agir contre iceux pour en poursuivre le délaissement avec restitution des fruits et constituer tel procureur qu'il trouvera à propos.

MAZIÈRES, juge, CAZASSUS et CATALAN, consuls, BLAIS, PUNTOUS, SERRES, MONSSINAT, FAURÉ, signés au registre, duquel la présente copie a été extraite par nous Thomas LATOUR, maire de la commune de Noé, arrondissement de Muret, département de Haute-Garonne, soussigné.

Ce 24 juillet 1820.

Place du sceau.

VU : *l'Archiviste du département,*

ADOLPHE BAUDOUIN.

Place du sceau.

Signé : THOMAS LATOUR.

Pour copie conforme :

Toulouse, le 27 Avril 1874.

Le secrétaire général,

L. DE LIHUS.

Mais, laissons toutes ces misères, et gardons nos regrets pour une cause plus sainte. Mon bisaïeul mourut l'an 1790, après avoir vécu d'une vie glorieuse pour la terre et pour les cieux. La fortune de ma noble famille descendit avec lui dans la tombe; à partir de ce triste moment son étoile ne cessa de pâlir.

Lorsque le tocsin de la grande révolution vint alarmer la France, alors, sonna pour les miens l'heure de l'épreuve, de la ruine et de la gêne. La cloche de malheur tintait encore, quand la divine providence me jeta sur cette terre.

Mais, *le Seigneur avait tout donné* à mon illustre famille, *le Seigneur lui a tout ôté : que le nom du Seigneur soit béni.*

Il est écrit que le grand Newton se découvrait toujours quand il prononçait le saint nom du Seigneur. Jamais, je n'ai entendu mon aïeul respectueux articuler celui de son auguste père, pour lequel il professait un culte parfait d'adoration filiale, que la larme à l'œil et chapeau bas.

CHAPITRE IX.

De la Tour Gabriel, le Curé de Noé.

Le curé de la Tour, naquit à Noé le 1er septembre l'an 1712.

Pour se conformer aux mœurs de l'époque, comme il était cadet de bonne famille, il fallait qu'il fut prêtre ou soldat. Heureusement, que le Ciel lui avait donné la vocation pour être prêtre et bon prêtre. Envoyé jeune encore au collège de l'Esquile de Toulouse pour y faire ses classes, il ne quitta cette Athènes du Midi, qu'après avoir brillamment conquis les grades de docteur en théologie et aussi *in utroque jure*, c'est-à-dire ceux de docteur en droit canon et en droit civil.

A peine rentré au foyer domestique, chargé de cette triple palme universitaire, la cure de Noé devint vacante par la mort de son vieux et digne titulaire.

L'abbé de la Tour était le candidat naturel à un poste pour lui si relativement convenable. Il se trouvait d'ailleurs gradué *nommé*, mais non pas *requérant ;* car il n'était pas d'une race de solliciteurs et d'importuns. Il se posa donc comme gradué *expectant*. Oui, il attendait son tour officiel d'arriver. En effet, Toulouse était alors une des douze universités *fameuses* de France. A ce titre, elle jouissait du privilège de désigner ses gradués aux collateurs des bénéfices par des lettres de nomination. Par cette insertion sur la liste des gradués universitaires privilégiés, le collateur des bénéfices devait pourvoir du premier bénéfice vacant en janvier et juillet, mois de rigueur d'après le concordat conclu l'année 1516 entre Léon X et François premier, les gradués nommés.

Il fallait cependant que les significations, les réitérations et les insinuations des lettres de nomination par les universités compétentes eussent été régulièrement et dûment faites.

L'abbé de la Tour avait satisfait aux formalités prescrites par le concordat. D'ailleurs, son triple doctorat, dont il avait la science ; sa modestie ; son éminente piété ; la haute position de sa famille l'imposaient au choix de l'évêque de Rieux pour la cure de Noé. Aussi, Monseigneur Alexandre de Jouanne de Sauméry s'empressa-t-il de le nommer curé de cette délicieuse paroisse en janvier 1737.

Ce prélat de noble race était prévôt du chapitre de Rieux quand il parvint à la mitre. Il connaissait donc depuis long-temps le jeune prêtre trois fois docteur. En faisant cette nomination, il accomplissait un acte de sage et juste admi-nistration ; puisqu'il mettait la main sur un sujet qui lui offrait des garanties de piété, de savoir et de cette haute influence que donnent la noblesse, la fortune et l'entourage d'une grande famille. L'abbé de la Tour obtint donc ce pré-cieux bénéfice non par caprice de faveur, mais par droit de conquête ; par l'évidence de son mérite, et non point par le privilége d'une grâce épiscopale. Je tenais à constater, à l'honneur de mon oncle, qu'il était entré dans son arche de Noé intelligent et fier, et non point médiocre et rampant. Mon grand-père m'a souvent répété que lorsque ses amis conseillaient à son oncle de solliciter la mitre, sûr qu'il était de l'obtenir, il répondait sans cesse, de son ton le plus so-lennel : « La mendicité est formellement interdite dans l'Eglise ; on ne peut y quêter que pour le service divin et les âmes du purgatoire. En dehors de ces deux œuvres, j'aurais peur d'être pris pour Héliodore et fouetté comme lui. » Nobles paroles ! sublime morale !

Son supérieur, du reste, lui adressa des lettres de provi-sion excessivement flatteuses : c'était justice.

Le nouveau curé de Noé prouva bientôt qu'il était digne de la brillante promotion dont il venait d'être l'objet préféré ; puisqu'il n'était pas gradué nommé *requérant*; et pourtant il avait à peine atteint l'âge requis par les saints Canons pour obtenir une telle dignité ecclésiastique.

C'est donc bien à lui qu'on peut appliquer ici ces deux vers devenus proverbe :

> Dans les âmes bien néos,
> La valeur n'attend pas le nombre des années.

De suite, il s'affirma comme le bon pasteur ; il éclaira son troupeau par ses lumières, il l'édifia par ses vertus, il l'enrichit par ses aumônes. Pourvu d'une cure très-riche, doté d'un patrimoine abondant, il donnait le superflu aux pauvres de sa chère paroisse. Or, homme simple et modeste, il se contentait de peu : aussi, le superflu, chez lui, c'était à peu près tout. C'est pour cela que le 15 août 1790, il mourut en odeur de sainteté. Sa mort précieuse devant Dieu, fut encore sur la terre un jour de deuil public.

En présence du trépas d'un tel pasteur, son troupeau se montra inconsolable. Tous les prêtres du diocèse accoururent pleurer sur la tombe d'un confrère qui, pendant cinquante-trois ans, fut leur ami, leur conseil, leur directeur et leur modèle. Quoiqu'il souffrît alors d'une cruelle maladie, Monseigneur le comte de Lastic écrivit à la famille de la Tour désolée, une lettre admirable de condoléance et de consolation. Or, la douce mémoire de ce saint prêtre n'a pas encore péri. Enfant, j'ai vu, pendant bien des années, le jour de la Fête des Morts, les anciens du village, les vieilles brebis du Pasteur endormi du sommeil des prédestinés, agenouillés sur la vaste pierre qui recouvre les reliques vénérées *du bienheureux Monsieur de la Tour*, non pas pour prier pour lui, mais bien pour le prier de prier pour eux! !!!!

Cette foi de Noé à la sainteté de leur ancien curé ne saurait m'étonner ; car, il en porta durant sa longue existence la marque distinctive. La modestie, en effet, fut toujours sa vertu dominante. Or, on peut affirmer que chez lui elle était réellement *connue de tous les hommes;* jamais, pendant sa vie, il ne voulut user de la particule, de crainte de commet-

tre un grand péché d'orgueil. Quand ses bien-aimés confrères
lui demandaient pourquoi donc il faisait subir à son nom
patronymique une mutilation injuste et permanente, il leur
répondait avec sa spirituelle douceur : « Mes chers amis,
soyons de la Tour, mais appelons-nous la Tour. » Si je n'ai
pas la modestie de mon saint parent, je partage du moins
sur ce point sa manière de voir et de faire.

Oncle chéri, vénérable et vraiment *illustre et immortel*,
vous, vous fûtes un saint, et moi au contraire je ne le suis
pas encore, hélas ! Si pourtant, depuis le 17 décembre 1842,
jour heureux de mon ordination à la prêtrise, j'ai toujours
mené une vie sacerdotale et régulière, exempte de ces défail-
lances apparentes et publiques, lesquelles scandalisent les
peuples, je le dois, j'en suis sûr, à votre sainte et tendre
protection.

Louis Racine, fils du grand tragique, se fit peindre, un
jour, les *OEuvres* de son illustre père à la main, le regard
fixé sur ce vers de Phèdre :

Et moi, fils inconnu d'un si glorieux père !

Retraçant ici, à l'aide de mes innombrables souvenirs, les
vertus de mon parent bien-aimé, je suis forcé de me dire à
moi-même :

« Et moi, indigne neveu d'un oncle toujours si digne. »

Après cela, on comprendra que mon cœur s'écrie :

Bon pasteur, oh ! je vous en supplie, protégez-moi plus
fortement encore ; gardez-moi bien cette place à côté de vous,
la seule que j'envie, et pour laquelle je cabale, cette place
que votre intercession sollicite sans cesse du grand Roi,
auquel vous avez le permanent bonheur de faire une éternelle
cour ; oui, cette place dans la cité céleste, où tous les *citoyens* sont vraiment souverains, où tous sont rois pour une
éternité !

Noé, du reste, a toujours joui du précieux privilége de
posséder des curés distingués dans leur genre respectif.
M. de Blandinières, qui remplaça immédiatement mon oncle,

était un vrai type de distinction et de noblesse. Il professait pour moi, qu'il avait vu naître, une tendresse incomparable, mais qu'expliquait mon nom et ma parenté avec son illustre prédécesseur. Après lui, vint M. Petit, mort naguère chanoine titulaire; il était le modèle accompli du bon prêtre. M. Duclos, aujourd'hui encore curé de Noé depuis 1828, a soutenu pendant son long ministère des luttes gigantesques avec le château, pour procurer à son église des bas-côtés nécessaires et une dimension suffisante à l'édifice sacré pour contenir ses nombreux fidèles. Or, ce rude lutteur, après avoir combattu vaillamment, a vaincu sur toute la ligne de bataille, pourtant bien longue et partout animée.

L'abbé Duclos a guerroyé aussi avec plusieurs municipalités systématiquement récalcitrantes et hostiles, pour faire vendre des communaux improductifs et inutiles, pour prendre sur une voie publique beaucoup trop large, afin de doter le village d'un clocher digne de sa réelle importance. Et le *Néhémie* de Noé n'a certainement pas oublié de quel Artaxerxès *longue-main* de la commune lui vint alors le secours efficace contre les ennemis officiels et puissants de ses travaux commencés sur des bases trop étroites, qui auraient fait ressembler le beau clocher de Noé à un flageolet de briques.

Cette heureuse intervention lui permit enfin de creuser des fondements insuffisants encore, mais pourtant infiniment plus convenables que ceux que lui avait imposés une municipalité hostile à tout ce qui venait de lui.

Monsieur Duclos, dont les ans peuvent bien diminuer les forces mais non pas affaiblir le zèle, vient de se donner un vicaire pour l'aider à soigner son nombreux et bien-aimé troupeau. Le bon pasteur doit vivre et mourir au milieu de ses brebis et non point sous les plis d'un honorifique camail.

CHAPITRE X.

De la Tour, le Professeur à la Faculté de médecine de Toulouse.

Mon trisaïeul, qui voulait avoir autour de lui des prêtres, des militaires, des médecins et des avocats, envoya son troisième fils, né l'an 1720, étudier la médecine à Montpellier et y prendre son grade de docteur.

Il suivit pendant cinq ans les cours de cette célèbre école avec une application sans pareille, et conquit à la fin de la cinquième année le bonnet doctoral avec une distinction qui commençait à passer dans ma famille à l'état d'habitude.

Après avoir quitté la noble Faculté, le jeune docteur vint se fixer à Noé, où il exerça son art avec renom et grand bonheur. Son père, tout fier de la gloire naissante de son cher Hippocrate, trouva que sa petite ville natale était un théâtre, non pas précisément indigne, mais beaucoup trop étroit pour ses talents médicaux, d'ailleurs très-réels. C'est pour cela qu'une chaire étant devenue vacante à la Faculté de médecine de Toulouse, le père exigea que son fils se présentât au concours pour en disputer l'occupation. Alors les enfants étaient encore dociles aux volontés de leurs pères. Il obéit donc : son obéissance lui procura une victoire éclatante; il emporta cette chaire d'emblée l'an 1750.

L'éminent professeur occupait sa chaire de médecine depuis déjà onze ans, quand la divine providence lui fournit une occasion superbe de donner à son nom un éclat immortel.

Le 13 octobre 1761, Marc-Antoine Calas fut trouvé pendu dans le magasin de son père. La célébrité qui entourait le nom du docteur de la Tour le désigna à Messieurs les Capitouls. Il fut donc commis par eux *pour vérifier le cadavre de Marc-Antoine Calas* avec deux de ses collègues : *Sieurs Lamarque et Peyronnet maître en chirurgie.* Il lui fut alloué pour cette vérification par *Messieurs les Capitouls* la somme de douze livres. Il conste qu'il a reçu cette somme très-forte pour l'époque par sa quittance *du mandement de Messieurs les Capitouls* du 31 octobre 1761. Cette curieuse pièce de comptabilité municipale se trouve aux archives du Capitole.

A part ce rapport officiel, où ses deux trop timides confrères l'empêchèrent d'affirmer qu'il y avait *suicide* et non pas *crime,* il en rédigea un second que Voltaire lui demanda. L'opinion publique, en effet, toujours affreusement surexcitée voulait qu'il y eût meurtre. Animé du courage inflexible que donne la triple indépendance du caractère, de la science et de la profession, le docteur dans sa relation péremptoirement motivée osa conclure *au suicide,* sans nullement se préoccuper des menaces de mille poignards fanatiques.

Cependant, victime innocente de la législation vicieuse du dix-huitième siècle, et aussi du fanatisme religieux de l'époque, le vieux et honnête Jean Calas père fut roué sur la place publique, le 9 mars 1762.

Voltaire, pour obtenir le 9 mars 1765 un arrêt définitif de réhabilitation en faveur de Calas, invoqua l'autorité du célèbre rapport de l'intrépide docteur.

Louis XV, pour le récompenser du service rendu à une famille innocente, ne le nomma pas grand'croix de la légion d'honneur, dont l'ordre n'existait pas encore; mais, il lui accorda une faveur équivalente, en l'autorisant par lettres patentes à entourer de guirlandes de marguerites et de roses suspendues au cartouche de l'écu l'antique blason de la famille de la Tour de Noé.

L'habile maître enseigna avec grande distinction jusqu'à la veille du jour terrible, où l'ouragan révolutionnaire emporta et professeurs en exercice et nombreux portraits de tous leurs prédécesseurs, et les archives même de cette noble et utile Faculté, que le procureur ou le chef des nations, quand il parlait aux assemblées publiques, appelait : *Saluberrima medicorum Facultas*. La *terreur* n'avait que faire des médecins; les coupures que pratique la guillotine sont toujours incurables!

Je suis forcé de placer ici l'épisode de *l'Illustration du midi*. Le besoin de procurer du travail à des artistes éminents qui en manquaient absolument et par suite ne pouvaient seulement pas fournir du pain à leurs pauvres familles, m'avait fait fonder cette publication hebdomaire. Cette œuvre humanitaire méritait d'arriver à l'immortalité. Je l'avais placée sur cette voie par les hautes sympathies que je lui avais données pour marraines le jour de sa naissance. Des procédés souverainement inconvenants de la part de ceux-là mêmes qui avaient tout intérêt à me ménager m'obligèrent à l'abandonner : elle mourut en route.

Francis Lacombe et quatre autres princes de la science et des lettres de la capitale, tous de ses meilleurs amis, parfaitement initiés à tous les secrets de mes philantropiques intentions, tenaient à honneur d'être mes collaborateurs pour participer à une bonne œuvre en faveur d'artistes qu'ils aimaient. Ils voulaient aussi m'aider à dégager ma responsabilité envers des bailleurs de fonds assez généreux pour mettre leurs bourses à ma disposition, sans autres garanties que mon honneur et ma plume.

Ces hommes bienveillants étaient sûrs du succès colossal de ma création, parce qu'elle répondait à un besoin réel du pays; succès qui venait d'ailleurs de s'affirmer par trois mille abonnés dans la première semaine que parut ma feuille magnifiquement illustrée par quatre graveurs sur bois de première force, qu'à mes frais j'avais fait venir de Paris, et qui travaillaient sous la direction de Chambaron, un des

artistes les plus habiles, mais aussi le plus paresseux de
France dans l'art de la gravure.

Tous ces hommes de lettres m'écrivirent pour me recom-
mander de placer le professeur de médecine l'un des premiers dans ma galerie des portraits; de lui assigner une
haute place dans ma salle des *Illustres.* Ils croyaient donc le
voir figurer le troisième à la tête de la colonne des grands
hommes dans ma revue d'honneur; l'entendre répondre à
l'appel des célébrités mes compatriotes après le Maréchal
Niel, de Muret, et Monseigneur Desprez archevêque de Toulouse.

Ils avaient peut-être raison ces Parisiens distingués ;
après la guerre qui fait les blessures ; après la religion qui
les panse, doit venir la médecine qui les guérit : *Saluberrima
medicorum facultas.* Ils poussèrent la munificence de leur
collaboration pourtant gratuite, jusqu'à m'offrir les matériaux
nécessaires pour composer l'histoire de celui qu'ils appelaient
l'illustre professeur à la Faculté d'Esculape. Je fus alors assez barbare pour rebuter ces gracieuses avances, à cause que l'éminent
docteur était mon parent et qu'il portait mon nom. Or, les
raisons qui me firent refuser dans cette circonstance d'accepter ces précieux éléments presque hagiographiques, me font
aujourd'hui vivement regretter de ne point les posséder dans
mes notes diverses. Etais-je trop modeste à cette époque ?
Ne le suis-je pas assez maintenant ? Je l'ignore ! Ce qui est
certain; ce qui d'ailleurs saute aux yeux de mes lecteurs,
scandalisés peut-être, c'est que mes dispositions sur ce point
sont complètement changées. Je serais, à l'heure présente,
bien malheureux et bien confus s'il ne m'était permis d'invoquer des circonstances fort atténuantes en faveur de mon
orgueilleuse peccadille. Heureusement, que Guizot a dit : »
L'homme absurde est celui qui ne change jamais. » Or, j'ai
changé; donc je ne suis pas absurde. Ah ! j'aimais Guizot,
quoiqu'il fût protestant. Je priais le bon Dieu pour lui,
afin qu'il convertît cette intelligence puissante. Oui, je le
priais, non point à cause qu'il avait fait les mariages espa-

gnols, mais bien parce qu'il a écrit à mon intention une maxime philosophique, laquelle innocente et justifie mes évolutions littéraires.

Si j'avais voulu, *l'illustration du Midi* m'aurait conduit à la fortune. Je venais de placer le portrait et la biographie du Maréchal Niel dans le premier numéro. Je soumis les épreuves à la correction de Son Excellence. Elle les examina sans doute, avec la partialité bienveillante du compatriote, puisqu'elle en fut ravie. Le soir, quand j'eus l'honneur de lui faire hommage du premier exemplaire, le Maréchal me dit : « Monsieur l'Abbé, vous m'avez bien traité : vous pouvez compter sur ma très-prochaine reconnaissance. » Il tint parole. Il plaça, en effet, la première livraison de ma revue sous les yeux de l'Empereur. Sa Majesté lut le programme et la biographie de celui que sur le champ de bataille de Solférino elle avait créé Maréchal. Je cite les paroles que Napoléon prononça, s'adressant à Monseigneur le Duc Tascher de la Pagerie, et dont Niel et Francis Lacombe, témoins auriculaires, me communiquèrent le texte : « Duc, nous n'avons pas à Toulouse un journal qui serve suffisamment nos intérêts dynastiques. Voici une plume audacieuse et sacerdotale qui fera parfaitemet notre affaire. Ecrivez desuite à cet Abbé qu'il fonde une feuille. Avec les annonces et quatre mille abonnés, il pourra la faire bien marcher. »

L'Empereur avait une politique détestable, mais, dans la vie privée, il était d'une bonté sans pareille. On m'invita donc officiellement à publier à Toulouse un journal, dans les conditions excellentes indiquées par l'Empereur. En effet, quatre mille abonnés, à raison de quarante francs, représentent cent soixante mille francs; les annonces en auraient fourni cent mille : ce qui forme un total de deux cent soixante mille. Or, soixante mille livres par an auraient largement suffi, pour couvrir tous les frais. C'était donc une rente nette et annuelle de deux cents mille francs. Mais une pareille somme n'est pas tout-à fait une chimère. Cependant, l'Empire de 1863 à 1870 a encore tenu sept ans. Donc, ce

n'est pas du haut de Terre-Cabade, mais bien du sommet
de quatorze cents mille francs, que le 4 Septembre 1870,
j'aurais pu contempler avec tristesse la chute de Napoléon III.

Je composai le premier numéro de mon journal, que j'inti-
tulai *L'Empire*. Je l'adressai comme *spécimen* à son Excellence
Monseigneur Tascher de la Pagerie. Les Tuileries télégra-
phièrent le 6 avril que je pouvais paraître. J'en référai
desuite à Monseigneur Desprez. Sa grandeur m'écrivit le 9 :
« Monsieur l'Abbé, vous conservez votre liberté. Cependant,
je ne vous conseille pas de devenir le rédacteur en chef
d'un nouveau journal, à cause de la responsabilité et du
péril qui s'attachent toujours à une charge si délicate. » Je
répondis à lettre vue : « Monseigneur, j'use de ma *liberté*
pour ne pas fonder le journal : non que je redoute la *responsabilité* ou le *péril* d'une pareille entreprise; c'est uniquement à cause qu'en matière d'obéissance j'accomplis
non-seulement le précepte, mais je suis encore le *conseil*. »
Immédiatement, je fis subir le supplice du feu à la corres-
pondance de son Excellence Monseigneur le Duc Tascher de
la Pagerie, mon puissant protecteur, et à celle de son aide
de camp, le commandant Remy. Je jetai même dans le bra-
sier l'écrit de sa Grandeur. Néanmoins, réflexion faite, je
m'empressai de soustraire cette pièce authentique à l'action
rapide des charbons ardents. Je ne pus sauver des flammes
qu'un fragment miraculeusement épargné. Je le conserve,
ainsi qu'une relique, ce témoignage officiel d'un fait considérable, auquel les siècles futurs ne croiraient certainement
pas, sans les débris précieux de cette attestation archiépis-
copale.

C'est ainsi que j'entends *mon métier de prêtre* : Or, je ne
crains pas qu'un seul confrère au monde ose m'accuser de
relâchement en matière de vœu d'obéissance.

En 1848 déjà, c'est-à-dire, à un âge et à une époque où
les coups de tête de jeunesse étaient faciles et excusables,
j'eus le courage de rester convenable envers une administra-

tion qui ne me payait guère de retour. Parfaitement renseigné sur ma situation, Joly, commissaire extraordinaire de la république française, me fit l'honneur de me mander à la préfecture par l'intermédiaire d'un ami commun. Là, cet avocat dictateur me supplia de lui permettre de m'inscrire en tête de la liste de ses candidats à la représentation nationale. Or, l'amour du clergé n'était certainement pas le mobile de la démarche officielle du Proconsul méridional ; car, il me dit : « Citoyen curé, en vous portant sur ma liste, je vous fais sortir le premier de l'urne électorale : que m'importe, puisque nul n'a le droit de craindre un homme tel que vous ; et que d'ailleurs, votre triomphe fera passer ma liste tout entière. Votre nom, en effet, lui donne une teinte de religiosité qui va encore au département de la Haute-Garonne. » Ni ses instances, ni celles de notre ami, quoique formulées en termes excessivement énergiques, ne purent triompher de mon obstination. Et pourtant, j'étais sûr d'arriver le premier ; car, au comité légitimiste, sur 83 votants, j'avais eu 82 suffrages : un seul de ses membres m'avait refusé sa voix, *parce qu'il ne me trouvait pas assez républicain.* Or, le motif de son refus égayait énormément le Marquis d'Hautpoul président si estimé de ce comité , alors encore si influent, lequel savait fort bien que j'étais cent fois plus républicain *alors* que l'Opinant réfractaire qui ne l'était pas du tout. Voilà comment, n'ayant, pas encore trente ans, quoique je fusse à cette époque frénétiquement ambitieux, j'aimai mieux pourtant demeurer toujours prêtre convenable, que devenir à coup sûr représentant de la Haute-Garonne à l'assemblée nationale. Un vicaire général qui est une riche intelligence et un noble cœur me disait naguère :

« Mon ami, Dieu ne peut manquer de récompenser de tels actes portés sur tes états de service sacerdotal. » J'en accepte l'augure ! Et j'attends ma récompense du Roi du ciel pour lequel seul je travaille sans cesse.

Je reviens à l'Ecole de médecine, pour écouter attentivement comment s'exprime dans sa lettre le cousin de *l'union-*

médicale sur le trépas de cet homme éminent : « Le professeur à la Faculté de médecine de Toulouse, écrit-il, jouissait d'une très-haute réputation. Il mourut en 1785, à Rouffiac, où se trouvant en villégiature, il fut pris d'apoplexie. »

Le fils aîné du docte professeur s'en alla dans les îles, parce qu'il crût que la Faculté, très incorruptible néanmoins : *Saluberrima medicorum Facultas,* lui avait fait un passe-droit, en lui refusant la chaire de son *illustre* père, qu'il avait ou qu'il croyait du moins avoir méritée au concours, pour l'adjuger au docteur *Cabiran.*

Voilà comment il me reste, peut-être encore, un oncle, oui, un oncle caressant tendrement en Amérique des millions qu'en Europe un jour j'ai repoussé dédaigneusement du pied. Ici-bas, chacun son goût! Pour moi, toutes les fois qu'on me choisira pour arbitre dans une querelle de préséance, je donnerai invariablement le pas à la vertu sur l'argent : *Virtus antè nummos.*

C'est ainsi, qu'à la fin du dernier siècle, une injustice priva la Faculté de médecine de Toulouse des lumières d'un maître érudit, lequel aurait dignement soutenu la brillante réputation de son père. Heureusement, que cette partialité, peut-être involontaire, n'a pu atteindre mon cousin, Amédée de la Tour de Noé, rédacteur en chef de *l'Union-médicale,* qui éclipse à Paris la renommée de son *illustre* aïeul. La vieille Egypte avait donc raison de maintenir l'hérédité des professions et de croire à la vertu de la race.

CHAPITRE XI.

L'abbé de la Tour, le Martyr.

L'Abbé Gabriel-François de la Tour, le martyr, naquit à Noé le 25 décembre 1749, à une heure du matin. Il était, en effet, convenable que cet heureux enfant, prédestiné à mourir martyr, cédât le pas au moment de son entrée dans le monde à cet autre petit enfant divin, qui naissait presque à la même heure, et qui devait être un jour le roi et la force des martyrs. Il reçut à son baptême le prénom de *Gabriel,* que lui donna le curé de Noé son frère et son parrain. Il transmit lui-même ce prénom auguste et cher à mon grand-père son filleul. Mon aïeul, qui fut aussi mon parrain, me l'imposa comme le premier et le plus intime de tous mes prénoms. Elle est donc sacrée, elle est donc sainte l'origine d'où il sort. Fasse le ciel que jamais je n'en ternisse la céleste splendeur !

Au moment d'écrire la biographie de ce fameux Abbé de la Tour, je n'ai besoin d'invoquer ni la muse ni l'ange de l'histoire ; la source de mon inspiration coule de plus haut. Je ne chante pas un grand homme ; je chante un martyr. Je puis donc m'écrier ici :

Jésus, force des martyrs, ayez pitié de moi ;

Gabriel, martyr, priez pour moi ;

Jésus, Gabriel, je vous implore !

Et moi, neveu de ces *deux grands-prêtres: Nepotes sacerdotum illorum,* en trempant ma plume dans le sang de l'agneau du ciel, et dans celui de la terre, j'use d'un droit transmis par la nature à titre d'héritage. Aujourd'hui, fier comme saint Paul, je puis, ainsi que ce grand citoyen romain, m'écrier : « *Civis... sanctorum ego... natus sum*; je suis par ma naissance citoyen de la même cité que ces deux saints. »

En touchant à l'Abbé de la Tour, je place ma main sur la perle et la gloire la plus pure de ma famille : perle dont les feux brillent sur la terre d'un éclat immortel, et resplendissent dans les cieux d'une éternelle lumière. Oui, ce saint prêtre tient dans sa main incorruptible *les palmes de l'immortalité* véritable.

L'Abbé de la Tour, en effet, est plus qu'un grand homme, plus qu'un mortel *illustre*, plus qu'un personnage célèbre, plus qu'un héros fameux; oui, il est plus que tout cela, lui! car il est un saint et plus même qu'un saint ordinaire : il est un saint *illustre*; l'Abbé de la Tour est un martyr! Il fit au grand séminaire de Rieux de fortes études ecclésiastiques : aussi devint-il le plus grand prédicateur, le plus célèbre orateur de son époque dans le Midi de la France. Il était à Toulouse ce que l'Abbé de Lafage fut à Paris.

Tous les anciens du Pays, qui l'avaient mille fois entendu, m'ont dit qu'il avait de la tête, du cœur, de la voix, du geste, de la jeunesse, bonne mine et le feu sacré. Riche par son patrimoine, fier de son nom, il n'acceptait pas d'honoraires pour ses magnifiques sermons. Il ne voulait qu'une bonne nourriture et un logement confortable. Se contentant de cela, il lui semblait qu'il prêchait doublement pour la gloire de Dieu.

J'abandonne à ce point tous les détails édifiants de sa carrière apostolique, qui resta l'unique de sa vie, hélas! trop tôt finie.

Il accepta, il est vrai, le titre de vicaire de la paroisse de Noé; mais, ce fut uniquement pour éviter à son frère le curé le désagrément d'en avoir un autre, et puis pour ne pas poser aux yeux du monde en déclassé du sanctuaire.

Il était prédicateur sans appartenir à un ordre religieux quelconque; il était prêtre séculier, à une époque peu complaisante, où le titre élastique de missionnaire apostolique n'avait pas été encore inventé pour classer canoniquement, mais hélas aussi très-réellement la misère et trop souvent, dit-on, l'inutilité et le désœuvrement de jeunes ecclésiastiques bons pourtant à quelque chose!

Le saint Abbé de la Tour est le seul membre de ma noble famille qui ait rigoureusement et toujours sauvegardé l'intégrité de l'orthographe de son nom patronymique; on dirait qu'il pressent qu'il sera le descendant le plus *illustre* de de son ancienne race, et qu'il n'est au monde aucun nom, aucun titre trop augustes pour désigner et qualifier un martyr. Mais, laissons ces vains hochets, qui, semblables à des lambeaux de pourpre, cachent la misère de notre trop réel néant; quittons ces titres, lesquels, comme le dit majestueusement Bossuet: « passent dans un moment à nos tombeaux. »

Ecrivons du sérieux. Occupons-nous des apprêts du martyre.

Le saint curé de la Tour vient de descendre dans la tombe, son frère et son vicaire, le candidat au martyre ne veut pas laisser le troupeau de Noé, exposé sans pasteur, donc sans défense, à la fureur des loups qui rôdent, affamés et nombreux, autour d'une bergerie qu'il aime tendrement.

L'intrépide fiancé de la guillotine n'a pas prêté serment à *la constitution civile du clergé*: serment qu'on appelait alors le serment de *liberté-égalité*. Il sait qu'il faut partir pour la terre étrangère, ou vivre en sa patrie avec la perspective continuelle de porter sa tête sur le fatal trapèze, toujours *en permanence* pour ne point en manquer une seule.

Prêtre rempli de foi, au cœur dévoré par le zèle pour le salut des âmes; bon pasteur, il ne peut fuir comme le mercenaire, à la vue des tigres révolutionnaires qui déjà rugissent à Noé. Il reste, pour garder ses brebis. Il mourra, s'il le faut, au poste périlleux que la situation et le devoir lui assignent.

D'ailleurs, jeune encore, robuste, courageux, riche, sympathique au pays, il redoute moins que tout autre ces délations à la mode alors, et toujours infailliblement mortelles.

Il se cache dans sa belle métairie de Sauvignargues. Mais avant de se cacher, il commence par *notifier* préalablement à la contrée tout entière qu'il est caché, dans sa magnifique ferme, pour s'y tenir à la disposition de tous les habitants du canton et d'ailleurs, qui viendront, et la nuit et le jour, réclamer les soins de son ministère alors si périlleux.

Il sait pourtant que la prudence humaine est ici-bas l'auxiliaire obligée de la sagesse divine, aussi prépare-t-il une *cachette* sûre dans le vaste grenier de son habitation rustique. Il bouche en maçonnerie, au niveau du plancher, le canon d'une cheminée antique ; fait démolir toute la partie qui surmonte la toiture à fleur des chevrons qui la soutiennent, et entoure la partie qui traverse le galetas d'une meule compacte de fourrage. Se glissant entre les lattes qui supportent les tuiles et l'extrémité du canon, debout dans cet étui fait de briques et de suie, il laissait passer tranquillement sur sa tête les bourrasques de la révolution. Et puis, quand l'ouragan avait cessé, il sortait de ce presbytère étroit, de ce gênant justaucorps, pour monter la garde à la lisière menacée de sa vaste bergerie.

Le martyr n'était pas un pasteur mercenaire, capable de de reculer devant un loup quelconque; c'était l'homme le plus courageux de la terre; de lui aussi on pouvait dire: Il ne craint rien si ce n'est le péché: *Nihil enim, nisi peccatum, timet.* Le 21 janvier 1794, Anniversaire de la mort de Louis XVI, il quitta son noir réduit, et une clochette à la main, il parcourut les rues du village, comme font les enfants de chœur le jour du jeudi Saint, pour inviter ses habitants à se rendre à l'Eglise, où il allait prononcer l'oraison funèbre du Roi martyr. Jamais encore Noé n'avait fourni pareil auditoire, jamais non plus assistance nombreuse n'avait entendu paroles si pathétiques; car, le grand orateur aimait le Roi de France autant qu'il abhorrait son atroce république. Pendant *la terreur*, le pays tout entier tremblait au bruit strident et sec du couperet toujours sanglant qui s'abattait alors régulièrement sur les têtes innocentes ainsi que tombe sur l'enclume le lourd marteau des forges des montagnes. Or, quand on songe à un pareil acte d'audace religieuse, on est forcé d'admettre que l'Abbé de Noé avait non pas *le Diable au corps*, mais bien le Dieu qui est *la force des martyrs* dans son cœur intrépide.

Dans des dispositions semblables, si le monde lui-même venait à tomber sur une planète voisine, *ses ruines* pourraient, peut-être, le blesser en le touchant, mais sa chute ne saurait l'émouvoir.

Depuis déjà trois ans, ce saint contrebandier passait en fraude, par-dessus les barrières de la *Terreur*, les sacrements de l'Eglise catholique, aliments spirituels alors prohibés, non plus sous peine de déportation, mais de mort; lorsque deux habitants de Longages, que je ne nomme pas ici par respect pour leurs familles, qui existent encore dans ce village, ou ailleurs, voulant accomplir un acte civique de *bons patriotes* et de *sans-culotte purs*, vont dénoncer l'audacieux *réfractaire* au citoyen Capelle, accusateur public. Ce zélé républicain confie aux lâches délateurs la mission avilissante de guider deux agents de la force publique, nantis d'un mandat d'arrêt lancé contre le courageux *insermenté*.

A l'approche de ces éclaireurs, hélas! trop bien renseignés, et des recors impitoyables que lui signale son fidèle bordier, le prudent Abbé court s'enfoncer dans son obscur cachot. Mais les fanatiques inquisiteurs, parfaitement instruits du lieu de sa retraite, montent aux combles de la maison. L'un des deux plonge violemment sa main démocratique dans cette boîte de briques qui renferme un corps saint, et avec ses ongles incultes, il ensanglante l'oreille gauche de mon oncle.

Le courageux réfractaire fut arrêté un saint jour de dimanche. Il était le plus bel homme du pays et d'une force musculaire formidable. Les gendarmes, pour rester maîtres d'un pareil captif lui avaient lié les mains avec d'énormes chaînes. Pendant, que pour le mener en prison, ils lui faisaient traverser le territoire de la commune de Saint-Hilaire, il aperçut quelques ouvriers qui battaient le grain. S'arrêtant une minute, il leur cria d'une voix vibrante comme un timbre d'acier : « Mes amis que faites-vous ? C'est aujourd'hui le grand jour du Seigneur. » L'un des deux gendarmes voulut lui imposer silence. Il lui répondit : « Vous avez le droit, dont vous venez d'user trop largement, de garrotter mes mains, mais vous ne possédez pas celui de lier ma langue. » Le militaire brutal commit l'imprudence agressive de saisir son sabre et de le lever sur la tête du jeune prêtre enchaîné. « Prenez-garde, gendarme, lui observa-t-il ; la même loi qui me défend la rébellion contre les représentants de la force publique, me permet la défense contre l'injuste agression de tout lâche assassin. » A ces mots, il lance sur son vil agresseur un regard terrible comme la foudre, et levant ses chaînes ainsi que Hercule aurait soulevé sa massue, tel que jadis Phineès, dans un saint transport de zèle pour la gloire de Dieu, il allait avec ses fers fracasser le crâne de l'imprudent militaire. Le gendarme effrayé recula si vivement qu'il roula dans le fossé avec armes et bagage. Et son compagnon de lui crier : « Camarade, sans ton éclipse totale, ton confesseur se disposait à te donner la pénitence avant l'absolution. » A la faveur de cette chute doublement heureuse le prédicateur légèrement ému reprenait son calme et continuait son sermon sur la sanctification du dimanche. Il fut court, sans doute, mais pathétique, car tous les travailleurs quittèrent l'aire, confus d'avoir profané le jour de la prière dont une loi injuste leur faisait seule oublier le respect. Ah ! elle régnait encore, à cette époque tourmentée, la crainte du Seigneur dans les campagnes de la république française !

Maintenant, que j'ai mis ce parent vénéré sur le chemin du trépas, je serais un impie, si j'osais par un seul mot troubler la majesté du recueillement et du silence qui doi-

vent toujours régner sur la voie de la mort. Je me tais donc.
Création entière, taisez-vous, ainsi que moi ! gardez-vous
bien d'interrompre, même par la chute d'une feuille légère,
la lecture de l'arrêt de mort de la sainte victime : mais la
lecture de sa teneur *officielle*.

Nous allons entendre les considérants adorables d'une sentence infernale ; admirer la légende sublime d'un drame
monstrueux, mais édifiant dans son horreur même.

Après le terrible prononcé du jugement inique et sangui-
naire, les générations présentes et futures seront parfaitement
renseignées sur la vie intrépidement sacerdotale et le trépas
trois fois saint de mon immortel parent, bien mieux et avec
beaucoup plus d'édification encore qu'elles ne le seraient
par la publication de mille pages éclatantes de son authentique et émouvante histoire !

Lecteurs, levez-vous ; car je lis :

JUGEMENT DU TRIBUNAL CRIMINEL

Du département de Haute-Garonne ,

Qui condamne à la peine de mort Gabriel-François Latour,
prêtre, âgé de quarante-quatre ans, habitant de Noé, chef-
lieu de canton, district de Muret, département de Haute-
Garonne, convaincu de n'avoir pas fait son serment de
maintenir la liberté et l'égalité.

Du 2 thermidor, an second de la République française
une et indivisible.

Au nom du peuple français, l'an deux de la République
une et indivisible ; à tout présents et à venir, salut. Le
tribunal criminel du département de Haute-Garonne a rendu
le jugement suivant :

« Vu le procès-verbal dressé le 23 messidor dernier par les
membres du comité de surveillance de la municipalité de
Noé, chef-lieu de canton, district de Muret, département
de Haute-Garonne, relatif aux visites domiciliaires arrê-
tées par ledit comité, et duquel il résulte que les ayant
étendues dans la commune de Lacasse, et parvenues à la

métairie appelée de *Sauvignargues*, ayant appartenu à Gabriel Latour, prêtre, on a trouvé ce dernier caché dans le haut de ladite métairie, lequel ayant été mis en état d'arrestation, ainsi que Jean Baloudrade, métayer de ladite métairie, Jeanne Rouane, son épouse, et Gabrielle Baloudrade, leur fille, ont été conduits dans la maison de justice de Muret, en vertu des mandats d'arrêt délivrés par ledit comité ;

« Vu, enfin, l'interrogatoire subi devant le tribunal par ledit Latour, prêtre, le 29 dudit mois de messidor ;

» Ouï le citoyen Capelle, accusateur public, en ses conclusions verbales et motivées ;

» Ouï ledit Gabriel Latour, prêtre âgé de quarante-quatre ans, habitant de Noé, chef-lieu de canton, district de Muret, département de Haute-Garonne,

» Le tribunal, considérant que ledit Latour ayant disparu de son domicile, il avait été regardé comme émigré et mis sur la liste générale des émigrés ; qu'interrogé sur ladite émigration, il a prétendu qu'il n'avait jamais quitté le sol de la République ; qu'à l'aide d'un certificat de résidence de sa commune, il s'était pourvu au département de Haute-Garonne, pour se faire rayer de ladite liste. Que cette administration ne prononçant pas, et ayant été prévenu que certaines personnes voulaient lui tirer des coups de fusil, il s'était caché dans sa dite métairie de Sauvignargues, où il a été trouvé, et qu'il n'était pas au pouvoir des bordiers de le mettre dehors, parce qu'il était chez lui ;

» Considérant que si Latour était poursuivi pour le fait de l'émigration, d'après son assertion ; qu'il est, à raison de ce, en instance au département, il devrait être sursis à son jugement, et renvoyé devant l'administration du département, pour faire statuer sur sa réclamation, conformément au décret de la Convention nationale du 23 germinal dernier.

Mais le tribunal n'a pas besoin de s'occuper de cette émigration, Latour est un ci-devant prêtre, Latour est réfractaire à la loi, et d'après l'article premier du décret de la

Convention des 21 et 23 avril 1793 (vieux style) qui porte que tous les ecclésiastiques séculiers, réguliers, frères convers et lais, qui n'auraient pas prêté serment de maintenir la liberté et l'égalité, conformément à la loi du 15 août 1792, (style esclave), seraient embarqués et transférés sans délai à la Guyane française. Latour n'ayant pas prêté ledit serment, s'est trouvé dans le cas de la déportation, avec d'autant plus de raison qu'il a fait des fonctions publiques postérieurement au 5 février 1791 , puisqu'il a convenu d'avoir prêché le carème de 1792 dans l'église de Noé, et encore d'avoir prêché dans l'église du Fauga le 15 août de la même année. Que par l'article x du décret de la Convention nationale des 29 et 30 vendémiaire dernier, ledit Latour, par le défaut de serment qu'il a déclaré n'avoir jamais voulu faire, comme répugnant à sa conscience, se trouve encore sujet à la déportation ; et conformément à l'article xiv de la même loi , il devait dans la décade qui a suivi la publication dudit décret, se rendre auprès de l'administration de son département, pour être pris à son égard les mesures nécessaires pour son arrestation, embarquement et déportation. Qu'au lieu de satisfaire à ladite loi, ledit Latour, s'est au contraire toujours tenu caché ; de sorte qu'ayant été trouvé sur le territoire de la République postérieurement à ladite décade, il se trouve compris dans l'article xv, et doit subir la peine prononcée par l'article v du décret des 29 et 30 vendémiaire dernier.

D'après tous ces motifs, le tribunal ayant entendu l'accusateur public sur l'application de la loi, déclare ledit Gabriel Latour convaincu d'avoir été sujet à la déportation ; en conséquence le condamne à la peine de mort, conformément à la disposition des articles x, xiv et xv du décret de la Convention nationale des 29 et 30 vendémiaire dernier, qui portent :

Art. X.

« Sont déclarés sujets à la déportation, jugés et punis

comme tels les évêques, les ci-devant archevêques, les curés conservés en fonctions, les vicaires des curés, les professeurs des séminaires et des colléges, les instituteurs publics, et ceux qui ont prêché dans quelque église que ce soit, depuis la loi du 5 février 1791, qui n'auront pas prêté le serment prescrit par l'article xxxix du décret du 24 juillet 1790, et réglé par les articles xxi et xxxviii de celui du 12 du même mois, et par l'article xi de la loi du 29 novembre de la même année, ou qui l'ont rétracté, quand bien même ils l'auraient prêté depuis leur rétractation. Tous les ecclésiastiques séculiers ou réguliers, frères convers et lais, qui n'ont pas satisfait aux décrets du 14 août 1792, et 21 avril dernier, ou qui ont rétracté leur serment.

» Enfin ceux qui ont été dénoncés pour cause d'incivisme, lorsque la dénonciation aura été jugée valable, conformément à la loi dudit jour, 21 avril, les ecclésiastiques mentionnés en l'article x, qui cachés en France n'ont point été embarqués pour la Guyane française, seront tenus, dans la décade de la publication du présent décret, de se rendre auprès de l'administration de leurs départements respectifs, qui prendront les mesures nécessaires pour leur arrestation, embarquement et déportation, en conformité de l'art. xii. »

Art XV.

« Ce délai expiré, ceux qui seront trouvés sur le territoire de la République, seront conduits à la maison de justice du tribunal criminel de leur département pour y être jugés conformément à l'article v.

» Et enfin conformément à la disposition de l'article v de la même loi, qui porte :

» Ceux de ces ecclésiastiques qui rentreraient, ceux qui sont rentrés sur le territoire de la République, seront envoyés dans la maison de justice du tribunal criminel du département dans l'étendue duquel ils ont été ou seront arrêtés, et après avoir subi interrogatoire dont il sera retenu note, ils seront dans les ving-quatre heures livrés à l'exécution des jugements criminels, et mis à mort après que les juges du tribunal auront déclaré que les détenus sont convaincus d'avoir été sujets à la déportation. »

Ordonne que le présent jugement sera mis à exécution à la diligence de l'accusateur public, dans les vingt-quatre heures, sur la place de la Révolution de la présente ville, où, sur un *echafaud*, ledit Latour aura la *tête tranchée*, conformément à la disposition des articles II et III du titre premier, partie première du Code pénal, qui portent :

ART. II.

« La peine de mort consistera dans la simple privation de la vie, sans qu'il puisse jamais être exercé aucune torture envers les condamnés. »

ART. III.

« Tout condamné aura la tête tranchée. »

Déclare les biens dudit Latour confisqués et acquis à la République, conformément à la disposition de l'article XVI dudit décret des 29 et 30 vendémiaire dernier, qui porte :

« La déportation, la réclusion et la peine de mort prononcée d'après les dispositions de la présente loi, emporteront confiscation des biens. »

De tous lesquels articles lecture a été faite par le Président.

Ordonne enfin qu'à la même diligence de l'accusateur public, le présent jugement sera imprimé et affiché dans la présente ville de Toulouse, dans toutes les autres villes et lieux du département, et notamment dans la ville et canton de Noé.

Fait à Toulouse en audience publique du tribunal criminel du département de Haute-Garonne, tenue dans le prétoire le 2 thermidor, l'an deuxième de la République une et indivisible.

Président, le citoyen HUGUENY, assisté des citoyens FAILLON, DANISAN et FAURE, juges dudit tribunal, *signés au registre.*

Au nom du peuple français, il est ordonné à tous huissiers sur ce requis de faire mettre ce présent jugement à exécution, à tous commandants et officiers de la force publique de prêter main forte lorsqu'ils en seront requis, aux commissaires nationaux d'y tenir la main.

En foi de quoi, la présente a été signée du président et du greffier, et revêtue du sceau du tribunal.

HUGUENY, président.

BLANCHARD, greffier.

Collationné :

GACS, commis-greffier.

A Toulouse, chez le montagnard Viallanes, imprimeur, rue Liberté, n° 48.

La minute de ce jugement se trouve aux archives de la préfecture de la Haute-Garonne, au dossier concernant la famille de la Tour de Noé.

Je tiens à raconter ici un incident de la route de l'échafaud que m'a fait connaître le docteur de Paris.

Le martyr voulait réciter avant d'être rendu au lieu de son immolation la dernière petite heure, mais la réciter dignè, attentè, devotè ; car c'était bien pour lui la dernière pour le temps et pour l'éternité. Parti de la prison en chaise à porteur, commencée sur le seuil du cachot, au train dont marchaient les deux hommes, il serait arrivé sur la place de l'exécution avant la fin du premier psaume. Il supplie donc les porteurs d'avancer lentement, leur promettant pour récompense sa montre, sa chaîne, son chapelet d'or et son splendide diurnal. Ces deux hommes touchés de tant de piété, obéirent avec joie. Il ne faut pas s'étonner ici que mon saint oncle eût conservé ces trois objets précieux. A cette époque cruelle, il était rude le métier de bourreau. Cet exécuteur suprême n'avait pas toujours le loisir de soigner comme on le fait en temps ordinaire la funeste toilette des fiancés de la mort. Plus d'un assistait en négligé, au banquet de ses noces fatales. Parvenu au pied du sinistre instrument, ses petites heures étaient toutes terminées. Ainsi qu'il l'avait promis, en se levant de la chaise de son dernier voyage sur la terre, il posa sur le

6

siège sa chaîne, sa montre et son bréviaire. Désormais ce sont là pour lui des meubles inutiles; dans le ciel on ne porte d'autre chaîne que celle de l'amour du Seigneur; les aiguilles sont toujours immobiles sur le cadran de l'éternité, où nul chiffre n'est tracé; quant à ses vêpres et à ses complies, il a jusqu'à minuit pour les dire : il n'a donc plus à s'en préoccuper; car, il va habiter un monde où le soleil est toujours à son midi; il va continuer un journée dont le soir n'arrivera jamais.

La terrible sentence fut exécutée le 3 thermidor an II de la République, sur la place de la Révolution, à six heures du matin. Le prêtre *réfractaire* fut conduit à la guillotine par la rue *Terrible*.

Je traduis en français moderne :

La *tête* de mon oncle, l'Abbé Gabriel-François de la Tour, le saint martyr, *tomba sur l'échafaud,* à six heures du matin, sur la place Saint-Georges de Toulouse, paroisse de Saint-Jérôme, le 21 juillet 1794. Il fut conduit au lieu de son martyre par la rue Saint-Georges.

En voyant rouler sur les degrés de l'échafaud la tête d'un saint prêtre, l'ombre de Néron, au fond des enfers, ressentit son premier tressaillement d'allégresse; car Lucifer dut lui faire croire qu'elle avait recommencé, après quinze siècles d'interruption constante, l'ère des persécutions, que ses édits sanglants jadis inaugurèrent.

Devant cette tête innocente, tranchée par la main du bourreau, chacun de mes lecteurs se pose certainement cette grande question : « Mais l'oncle de l'Abbé de la Tour est-il réellement un martyr? »

Et moi *petit neveu* de mon *grand oncle,* je réponds hardiment:

« Oui, mon oncle fut un martyr ! »

Je démontre théologiquement mon affirmation si glorieuse et si consolante.

Saint Augustin, dans son 11ᵉ sermon sur le psaume 34ᵉ, nº 13ᵉ, prononce cette maxime : « Ce n'est pas le sang qui fait les martyrs, mais bien la cause pour laquelle on le verse : *Martyres non facit pœna, sed causa.* D'où il résulte que le martyre exige trois conditions :

Première condition : Il faut *mourir volontairement* pour sa religion. Mon oncle est riche; il peut partir pour l'exil : sans doute, il en ressentira l'amertume, mais du moins il sera à l'abri de ses poignantes misères. Les routes pour l'étranger sont faciles; les frontières de l'Espagne sont ouvertes à quelques lieues de son village. Il reste pourtant dans sa patrie, parce qu'il y a des âmes à sauver. Il n'est pas saisi à l'improviste pour être mené à l'échafaud au milieu des apprêts toujours précipités d'un départ désiré. Non, certes, il y a déjà quatre ans que la loi du serment est rendue. Il risque sa vie en restant dans son pays, et pourtant il ne bouge pas, parce qu'il ne lui plaît pas de s'enfuir. S'il prête le serment, il est sûr d'arriver au sommet de la hiérarchie ecclésiastique. Il le refuse, à cause qu'il est schismatique sur tous les points et hérétique sur quelques-uns; que, par lui, on veut *décatholiser* la France et tuer la religion, dont il est le ministre. Il mourra ; mais, il ne trahira pas la cause de son Dieu. Donc le martyre de mon oncle remplit la première condition.

Deuxième condition : Il faut que celui qui fait mourir le fasse en *haine de la religion.*

Relisons l'arrêt de mort : Il ne s'agit nullement de questions d'ordre social ; pas la moindre allusion à la chose politique. L'Abbé de la Tour a *rempli des fonctions ecclésiastiques* ; *prêché un carême à Noé* en 1792 ; le 15 août, même année, à la chapelle miraculeuse de Notre-Dame de l'*Aouaich*, il a célébré *en chaire* la gloire de son Assomption merveilleuse ; il a *refusé* de prêter un serment impie *qui répugne à sa conscience* : Voilà les seuls crimes pour lesquels ses juges iniques et persécuteurs le condamnent à mort. A l'exemple de la divine victime, il se préoccupe, non pas de ses disciples, puisqu'il n'en a pas ; mais bien de ses bordiers, que sa charité et son habileté dans l'interrogatoire font absoudre et mettre en liberté. Oui , ses juges ou plutôt ses accusateurs, le font mourir en haine de Dieu et de sa sainte religion. S'il avait blasphémé contre son Créateur et renié sa foi, ils l'eussent absous et proclamé bon patriote et parfait républicain. Donc, le martyre de mon oncle remplit la deuxième condition.

Troisième condition : Il faut qu'il conste d'une manière évidente que Dieu a reconnu ces deux conditions dans la mort du martyr.

La preuve de Dieu c'est le *miracle*. Mon oncle a-t-il opéré des miracles ? Oui, il a opéré des miracles ! J'en cite trois.

Premier miracle. A partir du moment sacrilège, où, l'un des deux vils délateurs de Longages eut dénoncé, saisi et *égratigné* mon oncle, à la même oreille, au même endroit où il avait blessé le martyr, une loupe parut. Son développement était si rapide, qu'il fallait que chaque année un chirurgien l'extirpât avec son bistouri. Cet homme a vécu quatre-vingts ans ; Longages est aux portes de Noé ; souvent, jeune encore, j'allais le voir, bien moins afin qu'il me parlât de mon oncle, que pour visiter sa *bosse*, qui m'intriguait toujours énormément, et dont en rentrant j'entretenais ma famille. Mille fois en sanglotant et en me montrant sa hideuse difformité avec son doigt tremblant, il m'a répété dans son patois du village cette phrase immortelle : « *La besez, moussu ? es uno punitioun de Nosté-Seigné; ei à qui qu'ai graoupignat le praoubé bosté ounclé!* » Je traduis textuellement : « La voyez-vous, monsieur ? c'est une punition de Notre-Seigneur ; c'est là que j'ai égratigné votre pauvre oncle! » Plus tard, quand je le visitais en soutane, il la baisait avec respect ; il lui semblait que ce baiser était une réparation adressée à cette autre soutane de famille qu'il avait ensanglantée par son infâme délation.

Pour compléter le châtiment, par une horrible contraction de nerfs, les côtés extérieurs de ses deux pieds s'appliquèrent violemment sur l'os de chaque jambe. Désormais, il ne marchera plus que péniblement sur les chevilles des pieds.

La noble famille des vicomtes de Sainte-Marie, laquelle habite le château superbe de Longages, et qui pendant cinquante ans a vu cet étonnant prodige, et avec laquelle souvent je m'en suis entretenu, pourrait aussi rendre témoignage à l'authenticité de ce miracle vivant et permanent. Ici, j'ai encore pour témoin de ces deux faits merveilleux, M. Malhomme, ancien curé si regretté de Longages.

Deuxième miracle. L'autre dénonciateur, pendant sa longue et dernière maladie, nuit et jour, croyait voir au pied de son lit *un homme rouge* et menaçant. Il succomba à la frayeur et aux perpétuelles insomnies que lui causait cette effrayante et permanente vision. La tradition du village raconte que *cet homme rouge* c'était le démon qui épiait l'instant de sa mort pour emporter son corps et son âme dans l'enfer. Elle ajoute que le sinistre enlèvement eut lieu, et que la famille pour dissimuler la disparition du cadavre plaça *une grosse bûche* dans la bière. Un fait étrange vint confirmer les habitants du village dans leur croyance au rapt infernal. Pendant la messe de l'enterrement, les cierges qui étaient autour du corps ayant été, sans doute, mal assujettis dans les bobèches tombèrent à la fois. Les assistants crurent que c'était toujours le démon qui voulait emporter ces bougies. Mais, Dieu lui fit lâcher prise, parce qu'elles brûlaient en lieu saint. Satan furieux les jeta à terre au lieu de les remettre en place. Je ne crois certes pas à l'intervention diabolique dans les incidents que je raconte. Mais, enfant du pays, j'affirme la persistance obstinée de la tradition de Longages sur la mort de cet autre persécuteur et la vérité du fait des cierges et de la vision vraie ou imaginaire du malade. Lactance dirait qu'il y a du doigt de Dieu dans tout cela : *Digitur Dei est hic !*

Troisième miracle. Le sang de mon oncle avait été accepté par le Ciel comme une expiation suffisante pour les péchés de Noé : son odeur agréable comme celle d'un encens consacré avait attiré sur ce village les bénédictions du Seigneur.

Pendant la terreur, *quarante-deux prêtres* non assermentés demeurèrent cachés dans cette inviolable commune, sans que jamais les tigres révolutionnaires osassent dévorer ces pasteurs innocents, rugir même une fois pour signaler leur présence aux bêtes fauves qui rodaient dans la France ; et cependant, Noé alors possédait deux *terroristes* tristement célèbres. Ils dénonçaient, ils arrêtaient, ils faisaient mettre à mort les prêtres et les nobles du pays. Ils avaient profané le tabernacle de l'église du village ; jeté dans la rue les hosties consacrées ; brûlé le Christ superbe qui décorait le porche. Chaque décadi, ils prêchaient le mensonge dans la chaire de vérité. Eh bien ! ces monstres, vingt fois le jour voyaient ces quarante-deux prêtres *réfractaires* sortir de l'église ; ils les coudoyaient dans les rues ; ils les rencontraient au chevet du lit des mourants, leurs proches ou leurs amis ; à leur vue, leurs dents féroces grinçaient de rage : et cependant jamais ils n'ont songé à en dénoncer un seul au tribunal révolutionnaire.

Ah ! oui, c'est là un miracle, et un miracle de premier ordre ; j'irais le dire à Rome, si Rome m'appelait !

Troisièmement donc, il y a eu miracle.

Donc, mon oncle est un martyr !

Il existe dans la belle cité d'Isaure des familles anciennes, qui ont obtenu des nobles *Capitouls* une niche à la Salle des Illustres, pour y placer les bustes de leurs célèbres aïeux.

Plus heureux que toutes ces familles ensemble, je puis en appeler à César, pontife et roi, pour qu'il juge la cause de mon oncle ; oui, je puis adresser une pressante supplique à l'*immortel Capitoul* de la ville éternelle, au maître de l'indestructible Capitole, pour qu'il daigne inscrire le martyr de ma famille sur les diptyques sacrés, et accorder une place d'honneur au nom de Gabriel le martyr dans les Litanies des Saints.

Capelle, l'accusateur public, dont les conclusions firent condamner mon saint oncle à mort, était du Faget ; il fut

le digne grand-père de Mme Lafarge, femme si tristement
célèbre.

Ses autres petits enfants sont tous morts à Toulouse dans
la misère et le vice. Quant à sa fille, il y a peu d'années,
que cette malheureuse est morte, la figure rongée par un
affreux cancer. Voilà comment Dieu traite les persécuteurs
de la religion sainte, fondée par son auguste et divin Fils.

Ah! pourquoi Lactance ne vit-il pas encore! Il pourrait
ajouter un beau chapitre à son *Traité de la mort des persécuteurs.*

Bien longtemps, du reste, avant son glorieux martyre,
la réputation de franchise, d'indépendance de caractère, de
grande sainteté et de haute éloquence de l'Abbé Gabriel de
la Tour était de notoriété publique dans tout le diocèse de
Rieux. Sur ce point, si capital pour son neveu et son historien, je suis autorisé, prié même d'invoquer l'irrécusable
témoignage de M. l'Abbé Aragon, du couvent des bénédictines de Toulouse. Ce digne et intelligent ecclésiastique, né
à Rieux en 1796, curé de Salles, commune limitrophe de
celle de Rieux, pendant trente ans, à partir de 1832, a
chaque jour entendu ses deux oncles, membres du chapitre
de Rieux ; son père, sa mère, sa nombreuse parenté ;
M. Paillés, ancien curé de Rieux ; toutes les grandes familles ; tous les vieillards du canton de Rieux qui avaient
vu, qui avaient entendu prêcher l'Abbé martyr, qui s'étaient
confessés à lui ; oui, il a entendu tout ce monde pendant
soixante ans, lui parler perpétuellement de l'éminente sainteté et de la grande éloquence de l'Abbé de la Tour le martyr.
Monseigneur le comte de Lastic, dernier évêque de Rieux,
l'appelait toujours dans les grandes occasions pour prêcher
devant lui et en présence de son chapitre. Sa Grandeur exigeait même que ce saint et célèbre prédicateur descendit à
son palais épiscopal. Le charmant convive avait inventé à
l'intention de son auguste amphitryon une phrase sacramentelle qui était devenue proverbiale dans le pays, et que souvent j'ai entendu répéter dans ma famille. L'aimable apôtre

abordait son paternel et noble évêque en lui disant :
« Monseigneur , j'ai l'honneur de représenter à votre Grandeur le bœuf le plus heureux du diocèse , puisqu'elle l'invite à triturer et le grain de son aire et celui de sa crèche. » Et sa Grandeur lui répondait invariablement avec une même grâce parfaite , en lui prenant la main : « Bœuf fortuné, soyez toujours le bienvenu, et que le bon Dieu conserve longtemps vos cornes pour le malheur du diable et vos bonnes dents pour le bonheur de votre évêque dont vous avez l'estime et l'amitié. »

Mais l'histoire de l'Eglise gallicane a encore deux pièces immortelles à enregistrer, non moins belles que l'arrêt de mort du glorieux martyr : l'inventaire du tribunal et la lettre à sa mère.

Chez les saints tout est enseignement.

Lisons donc l'édifiant inventaire du martyr, écrit dans le style et avec l'orthographe de l'époque.

« Tribunal criminel, Haute-Garonne, République française.

Inventaire des effets déposés au greffe du tribunal criminel du département de Haute-Garonne, ayant appartenu à Gabriel Latour prêtre, habitant de Noé et confisqués au profit de la république, par jugement du tribunal criminel de Haute-Garonne du 2 thermidor, pour être remis à l'administration du district, en exécution de la loi du 28 messidor.

Sçavoir :

Un razoir.

Un frotoir avec son étuit.

Un peigne de corne.

Un très-petit morceau de sçavon.

Un petit étuit de bois, dans lequel sont renfermées trente éguilles, trente épingles ordinaires et trois grosses épingles.

Un couteau à manche noir.

Une paire ciseaux.

Des fers à rouler les cheveux.

Un crayon.

Un petit couteau de toilette.

Une croix qualifiée par Latour, la vraye croix de Jésus-Christ, renfermée dans un petit étuit de fer blanc.

Et trois petites poches de peau.

Le présent inventaire certifié véritable par le commis-greffier du tribunal criminel du département de Haute-Garonne.

Toulouse, le vingt-trois thermidor an deux de la république une et indivisible.

Les effets cy-dessus ont été remis le 7 fructidor an II de la République.

Gacs, commis-Greffier. »

Ah ! c'est bien là le bagage sommaire, et encore même pillé, d'un saint prêtre qui part à la hâte pour l'éternité. Quant à son riche bréviaire, sa montre, sa chaîne et son chapelet d'or, ils ont été vus par un de mes parents sur une table chargée de papiers en désordre chez un descendant du bourreau. Il rendit le reliquaire, à la condition qu'on ne l'inquiéterait pas pour les autres objets que le saint martyr donna aux porteurs de sa chaise. Je connais la rue et le numéro de l'humble maison où furent aperçues ces précieuses dépouilles depuis longtemps vendues.

Quant à la relique, *renfermée dans un petit étuit de fer blanc* à moitié dévoré par la rouille, dont *l'invention* fut vraiment miraculeuse, elle repose aujourd'hui sur une poitrine très-chrétienne aussi : c'est celle de Madame Sevène, née Euphrasie de la Tour de Noé, nièce du courageux martyr et ma parente.

L'original de cet incomparable inventaire se trouve encore aux archives de la préfecture, au dossier de ma famille. Les curieux peuvent se donner chaque jour, de midi à quatre heures, la douce satisfaction d'aller admirer ces pièces authentiques.

Ici, que mon lecteur se lève, qu'il pose son chapeau ; car il va lire la plus belle lettre qui soit sortie de la plume d'un homme.

Elle fut écrite à sa mère par le saint Abbé le matin même de son martyre :

« 3 Thermidor an II, quatre heures du matin, en attendant la mort :

» *Enfin,* ma chère mère, il est venu ce jour heureux où vous pouvez vous glorifier d'avoir mis au monde un fils digne d'être offert au Dieu du ciel et de la terre. Qui pourrait exprimer la joie d'une mère qui, connaissant les engagements qu'elle a contractés dans son mariage, peut se dire avec raison quelle rend à Dieu le précieux dépôt qu'il lui avait confié. Oui, grâces au Seigneur, qui est la force des forts, le soutien des faibles, ce fils, qui n'était rien par lui-même, et ne pouvait que succomber dans cette mer orageuse, a su néanmoins, avec le secours du ciel, triompher des plus rudes combats, et prouver au monde, après saint Cyprien, qu'un prêtre fidèle peut bien être tué, mais non vaincu quand il meurt pour sa religion. Réjouissez-vous donc, ô ma mère! au milieu de vos souffrances, et quel que soit le contre-coup que vous ressentiez de ma mort, dites encore avec la sainte Mère de Dieu, le modèle de toutes les mères : Voici, mon Dieu, ce fils que vous m'aviez donné. Je consens qu'il soit immolé à votre justice, pour soutenir la grandeur de votre nom. C'est sans doute un sacrifice bien grand pour une mère; mais, Seigneur, que ne méritez-vous pas? et si vous voulez l'agréer, quel bonheur pour moi de pouvoir vous l'offrir! Tels sont, ma chère mère, les vertueux sentiments que je vous suppose : et loin de moi toute espèce de crainte qui pourrait affaiblir là-dessus ma confiance ; car enfin, ce qui constitue la perfection de votre sacrifice, comme celle du mien, c'est de ne faire aucune réserve. Quand on fait une offrande à Dieu, ne pas lui tout donner, c'est ne lui donner rien. Permettez-moi, ma chère mère ces observations, que mon auguste qualité de ministre de Jésus-Christ m'ordonne d'exposer à tous les fidèles ; et c'est principalement à ce que nous avons de plus cher après Dieu dans ce monde que nous devons les adresser. Nous sommes les pères, les amis, les docteurs, les soutiens de tous les hommes; c'est le glorieux emploi dont nous a honorés notre divin Maître. Eh! pouvons-nous employer mieux nos soins qu'à l'égard de ceux dont nous tenons le jour? Je vous exhorte donc, ma chère mère, à demeurer ferme dans la foi, à contempler sans cesse cette couronne de gloire que la persévérance nous promet. Que les menaces, les persécutions ne soient jamais capables de vous ébranler; et, au milieu des plus cruels supplices, si vous y étiez exposée, jetez-vous entre les bras de ce Dieu si bon et si miséricordieux, qui ne laisse jamais périr ceux qui veulent vivre et mourir comme lui. La Croix est le vrai chemin du ciel; nous le connaissons bien à présent et mieux que jamais. Malheur à tout chrétien qui ne voudrait pas suivre cette voie, capable de le rendre heureux pour une éternité.

» J'aurais encore bien des choses à vous dire, si une certaine sensibilité inséparable de l'homme ne s'opposait aux désirs de mon cœur; mais c'est assez, et j'ai tout lieu de croire que l'exemple d'un prêtre, qui est traité comme son divin Maître, est bien capable d'apprendre à tout l'univers qu'il faut renoncer à tout, quitter tout, se dépouiller de tout, et par-dessus tout, se quitter soi-même pour ne s'attacher qu'à Dieu et n'aimer que Dieu seul.

» Signé : Gabriel-François DE LA TOUR. »

Cette épître vraiment *apostolique* se trouve dans l'ouvrage intitulé : *Les martyrs de la foi pendant la révolution française*, par l'Abbé Guillou. Paris, édition 1821; IIIᵉ volume, page 467.

Le style c'est l'homme: *Enfin*, j'ai donc rencontré dans ma famille un homme, un prêtre et une sainte victime : *Vir, sacerdos et victima!*

Dans sa lettre *in extremis*, l'Abbé de la Tour ne s'occupe ni de lui, car il est prêt pour paraître devant Dieu; ni de la terre, déjà il ne l'aperçoit plus, tant elle est petite, car il la voit des cieux; ni de la mort, car il la convoite. Comme

Jésus au gibet, ici doublement son modèle, il ne s'inquiète
que de sa sainte mère. Certes, il y avait de quoi ! c'était
dur pour une telle mère de voir un tel fils, à quarante ans
périr sur l'échafaud ! Mais à l'aspect du Ciel oublions la
terre.

En parcourant cette lettre, on croit lire un acte des martyrs
de la primitive Eglise. Ce n'est pas étonnant ; les martyrs, à
toutes les époques, puisent à la même source : et cet esprit
divin, qui inspira les martyrs antiques, quand ils arrosaient
le berceau du l'Eglise de leur sang généreux, est le même
que celui qui inspire les martyrs modernes, lorsque de leur
sang toujours merveilleux et magique ils rajeunissent son
incomparable vieillesse ; quand ils réparent de ses années
les outrages toujours réparables et toujours réparés.

La postérité n'a pas laissé tomber à terre le mot de Massillon jeté sur le cercueil de Louis XIV: « Dieu seul est
grand. » Ce mot est bien, sans contredit, le plus beau qui
soit sorti de la bouche d'un orateur sacré. Et pourtant, il
est bien pâle devant celui-ci: « *Enfin*, ma chère mère, il est
venu ce jour heureux. »

Massillon en effet, pouvait établir froidement ses parallèles entre la grandeur de Dieu et la grandeur de l'homme.
Il n'avait pas à craindre qu'après avoir cadencé ses pério-
des ; qu'après avoir quitté la chaire, on le fît descendre
encore dans le tombeau du grand roi dont il proclamait le
néant relatif. Mais, quand l'Abbé de la Tour jetait fièrement
sur la plate-forme de l'échafaud son immortel *Enfin*, dans
cinq minutes, il allait y monter. Les situations étaient donc
bien diverses ; l'orateur devant lui voyait la gloire, le martyr apercevait la guillotine ! Si cet *enfin*, mot sublime entre
tous les mots sublimes, s'est élevé à cette haute puissance,
c'est parce que ce mot est naturel dans la bouche d'un prêtre qui a la foi ; d'un prêtre qui se trouve au bas de l'échelle
qui monte aux cieux, et qui attend avec impatience que le
bourreau lui donne *enfin* le signal de commencer sa glorieuse et certaine ascension.

Si donc à l'heure qu'il est, on me mettait en présence des cendres de Napoléon et de celles de l'Abbé de la Tour, et si l'on me disait : « Duquel des deux veux-tu être le neveu ? » Ah ! je ne sortirais pas de ma famille, où nulle part on ne peut être mieux ; et je me garderais bien d'entrer dans celle de ces deux Empereurs, sur la tête desquels Dieu deux fois a posé la couronne et qui deux fois l'ont laissée tomber ! Quant à mon oncle, ah ! je ne crains pas que jamais il bronche sur les collines éternelles et qu'il laisse tomber la sienne !!!!!

J'ai dit les gloires supérieures et surnaturelles du martyr. Je vais maintenant raconter ses gloires naturelles ou inférieures.

Cet homme prodigieux fut écrivain, poète, musicien et grand Seigneur.

Ecrivain. Voici comment s'exprime sur le premier chef le docteur de la Tour de Paris, dans sa lettre du 23 janvier 1872 :

« Très-honoré cousin, l'Abbé de la Tour, notre oncle avait laissé un nombre considérable d'homélies, de sermons détachés, de prônes ; plusieurs carêmes et avents. J'ai eu entre les mains cette liasse énorme écrite d'une écriture fine, serrée mais très-correcte. Un jour, peu de temps après la mort de mon pauvre père, étant sur ma propriété de Muret, où nous avions recueilli les épaves de notre naufrage de Noé, je reçus la visite d'un ecclésiastique que j'avais connu à Toulouse comme vicaire de saint-Etienne. Cet Abbé me parla avec un enthousiasme prodigieux des sermons de notre oncle que mon père lui avait communiqués et me demanda de vouloir bien les lui confier. Sans défiance, je lui remis, et sans reçu, le paquet tout entier. Un an se passe et je n'entends plus parler de rien. J'apprends que cet ecclésiastique vient d'être nommé curé d'une paroisse importante du diocèse. Je lui écris afin de réclamer le dépôt sacré qui lui a été si généreusement confié ; pas de réponse. Alors, deuxième lettre qui n'a pas de meilleur résultat. Un peu blessé,

j'en envoie une troisième, où je le menace d'une plainte à
l'Archevêché. C'est alors que m'arrive une déclaration de ce
prêtre, disant que je ne lui ai rien confié; qu'il n'a reçu
aucun dépôt; qu'il n'a connu les sermons que je réclame
que pour les avoir vus dans les mains de mon père et en
avoir lu quelques fragments dans certaines occasions. Ces
choses se passaient au moment de mon départ pour Paris;
je voulais, d'ailleurs, éviter tout scandale: c'est pour cela
que je ne donnai aucune suite à cette triste affaire. Je ne
sais ce qu'est devenu cet ecclésiastique si peu délicat. Il vit
peut-être encore: voilà pourquoi je ne vous le nomme pas. »
Il est mort depuis longtemps : c'est pour cela que je ne le
nommerai pas non plus; Pourquoi livrerai-je au mépris public le nom d'un confrère dont la diffamation posthume ne
nous rendrait pas des chefs-d'œuvres perdus !

Dès qu'il se vit en possession de ce riche trésor, le vicaire de la Métropole demanda une cure dans une commune
rurale: poste qu'il obtint d'autant plus aisément, que son
insuffisance à Saint-Etienne était plus manifeste. Il consacra
une année seulement à copier et à apprendre par cœur les
sermons du martyr. Après cette préparation trop sommaire,
il se lança dans la carrière de la prédication. C'était le Geai
paré des plumes du Paon. Il se les *accommoda* sans nulle grâce;
quelqu'un le reconnut, le dénonça : dès lors, *il se vit bafoué*
même par *ses pareils*. Ce qui pis est, il était l'âne vêtu de
la peau du lion :

> Un petit bout d'oreille échappé par malheur,
> Découvrit la fourbe et l'erreur.

Il fut bientôt forcé de suspendre le cours de ses prédica-
tions, afin de modifier des sermons qu'il ne pouvait plus
prêcher nulle part. Obligé de faire à leurs dépens un travail
d'appropriation, c'est-à-dire, de les diminuer, de les amoindrir, d'abaisser la majesté du grand style de l'éloquent
orateur au niveau si bas de ses aptitudes oratoires, il les
gâta complètement, et les rendit impossibles. Cette nullité

pernicieuse avait commencé par le plagiat et la sottise, elle finit par le ridicule et le grottesque. Voilà comment un larcin inutile à son auteur a privé néanmoins l'éloquence de la chaire d'une multitude de sermons qui seraient incontestablement les premiers du deuxième ordre et précipité dans les flots de l'oubli un orateur sacré, que la postérité aurait déjà placé après Bourdaloue, Bossuet et Massillon.

Poëte. L'Abbé de la Tour a composé le fameux cantique pour les missions : *Tout n'est que vanité.* Or, ce cantique est une ode comme jamais Pindare, Horace, Lamartine et Victor Hugo n'en produisirent de plus belles. Il en fit bien d'autres ; je cite seulement celui-là, parceque c'est vraiment son chef-d'œuvre en ce genre, et peut-être le chef-d'œuvre du genre lui-même tout entier. Quand on a sous les yeux un pareil échantillon, on peut fort bien se passer de connaître la pièce. Si quelqu'un ici la réclamait, je lui dirais avec un autre grand poëte : *Ab uno disce omnes ;*

« Et qu'un *seul* vous apprenne à les connaître tous. »

Musicien. Le saint Abbé a composé l'air aussi bien que les paroles de ce chant adorable. Les deux éléments de ce poëme lyrique sont en parfaite harmonie. Si les paroles sont belles, l'air de son côté est facile, naturel et entraînant. On peut dire de cette hymne sublime que c'est vraiment la Marseillaise de l'Eglise de France.

Je ne sais si mes lunettes mal frottées m'empêchent de bien voir ; si mon jugement perd son impartialité native en traversant le prisme d'une telle parenté. Quoiqu'il en soit, il me semble que je risque seulement de blesser non pas précisément la vérité, mais seulement la tendre susceptibilité des compositeurs contemporains de cantates sacrées, quand j'affirme que nul n'est capable d'en faire autant, pour la musique et les vers.

Grand Seigneur. L'inventaire que fit le tribunal criminel des objets qu'il avait sur lui, le jour de son arrestation, est une preuve officielle qu'il était d'une propreté exquise. Il soignait également avec une coquetterie jalouse, la toilette de son nom aristocratique. Jamais en conversation, il ne répondait à ceux qui ne lui donnaient pas son vrai nom. Il refusait les lettres dont l'adresse n'était pas irréprochable. La suscription ne porte pas mon nom, disait-il au porteur ; donc cette lettre ne m'est pas destinée. De la plate-forme de l'échafaud, il monta directement aux cieux. Il vint frapper aux portes éternelles. Mais, si l'introducteur officiel des élus, pour le présenter au Seigneur et à l'assemblée des saints, en l'appelant, négligea la particule, je garantis qu'il n'aura nullement répondu à cet appel démocratique. Or, il me semble que ce rigorisme orthographique porte aussi son cachet de grandeur antique. Et maintenant, que mes lecteurs me disent si le titre de mon livre n'est pas une vérité ; et s'il existe dans Plutarque des pages aussi belles que celles qui racontent l'histoire du martyr, le saint Abbé de la Tour.

Il est vrai que pour ne point écraser le relief de cette physionomie sublime, j'ai négligé certains traits admirables de la vie de plusieurs de mes autres ancêtres. je ne saurais le regretter ; car aujourd'ui, le monde, qui touche à son heure dernière, a plus besoin de l'exemple des saints que de ceux des grands hommes.

L'Abbé de la Tour de Noé Gabriel-François, le martyr de la foi de 94, est donc *l'illustration la plus haute* de la maison des LA TOUR DE NOÉ qui furent pendant des siècles Comtes et Seigneurs de Noé. Le sang de ce surnaturel héros est bien, d'ailleurs aussi, le sang le plus saint qui ait arrosé notre belle église de Toulouse depuis celui dont Saturnin, son illustre fondateur, féconda son apostolique berceau.

CHAPITRE XII.

De la Tour, le Militaire.

De la Tour surnommé le militaire, naquit à Noé, l'année 1752. Il fut le dernier des cinq fils de mon *illustre* trisaïeul. Homme magnifique, rempli d'aptitude pour les sciences exactes, ayant du goût pour l'art militaire, *cadet*, d'ailleurs, de grande famille, sa place, à cette époque, était naturellement marquée dans les cadres de l'armée française. Assez jeune encore, son père l'envoya à l'école militaire de Brienne, dont il devint bientôt l'élève le plus distingué. Il allait recevoir la brillante épaulette d'officier d'artillerie, quand il fut atteint d'une maladie cruelle, qui présenta dès le début des symptômes d'une gravité sinistre. Ses maîtres, justement alarmés, le renvoyèrent dans ses foyers. Il quitta ce banc prédestiné à former des héros sur lequel sept ans plus tard devait s'asseoir cet enfant de la Corse dont l'épée allait bientôt faire trembler la terre. L'intéressant malade tomba heureusement entre les mains de ses deux frères : le curé de Noé et le futur martyr, lesquels firent de lui un saint, pendant toute l'année que dura sa trop longue agonie. Ainsi, commença pour lui, en décembre 1772, et par anticipation, la gloire éternelle des cieux. Elle continuait, élevée à une hauteur infinie, sa gloire militaire de la terre, éteinte à son aurore. Il est certain, en effet, que né la veille de la gigantesque révolution française, une place d'honneur était réservée pour lui au milieu de cette immortelle phalange

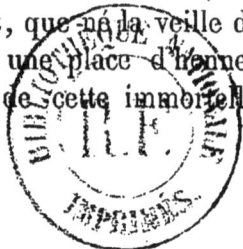

7

d'illustrations militaires qui allaient faire de ma patrie la reine et la maîtresse des nations.

Après avoir religieusement salué cette tombe si prématurément ouverte, où descend un héros de ma famille moissonné hélas ! dans sa fleur, je me tourne vers les miens pour leur crier, par forme d'oraison funèbre :

« Gémissez et pleurez ; il est mort à *vingt* ans !!!!! »

CHAPITRE XIII.

Les cinq filles de la Tour de Noé, mon bisaïeul.

Mon bisaïeul eut quatorze enfants : neuf garçons et cinq filles. Ces dernières furent toutes assez distinguées pour mériter l'honneur d'une biographie chacune, à titre de femmes célèbres.

MADEMOISELLE DE LA TOUR DU GAILLARD DU PORT.

Mademoiselle de la Tour du Gaillard du Port était l'aînée des cinq filles de mon noble bisaïeul. Elle naquit à Noé l'année 1739. Elle fut l'idole de son père. Elle avait, du reste, tout ce qu'il fallait pour lui plaire ; car la nature lui avait prodigué tous ses biens. Fière comme une duchesse, quand le marquis Lespinasse de Florentin, en 1759, sollicita sa main pour son fils, elle répondit à son père, qu'elle ne voyait pas ce qu'elle gagnerait en changeant de nom ; qu'avec son consentement elle gardait le sien. Sur le refus de l'aînée, le marquis demanda et obtint la deuxième. Son père en mourant lui légua le Gaillard du Port. De là le surnom de ce château qu'elle porta toute sa vie. C'était à cette époque une résidence princière. Le père crut accomplir un acte de justice en lui attribuant cette portion d'héritage. Elle avait la prestance et la majesté d'une reine ; il aurait voulu lui laisser un palais, tant il la croyait digne d'habiter une pareille demeure. Mais, si elle était fière envers les hommes, elle était humble devant Dieu. Elle passait la journée du dimanche au village, afin d'assister à tous les offices, et d'édifier la paroisse par ses exemples de piété constante. Quand le temps était beau, elle faisait toujours à pied le trajet qui sépare le Gaillard du Port de l'église. Je connaissais l'heure précise de son arrivée. J'allais donc la recevoir à l'entrée du village, pour me mettre au lieu et place de Guilhaume Castaing, son valet de chambre et son heureux caudataire. Elle ne m'admettait à l'honneur de lui servir de page, qu'à la condition de me présenter en souliers de castor, le chapeau à panaches noirs, lequel composait alors la coiffure de cérémonie des têtes aristocratiques, l'habit à queue de morue et à boutons luisants. Tous les enfants du village, jaloux de ma félicité, suivaient presqu'en silence et à distance respectueuse; car, ils laissaient autant d'espace entre eux et moi, qu'il y en avait de la racine au bout de la queue de la robe de ma tante, laquelle était longue pourtant comme celle d'une véritable comète. Or, pas un de ces indisciplinés gamins n'osait sortir des rangs; car tous savaient par expérience souvent renouvelée que j'étais capable de les mettre tous à la raison. Des cicatrices légères, sans doute, mais bien placées attesteraient, si besoin était, aux mécréants de l'époque, mon enfantine vaillance. Dans un des derniers combats que je livrai aux enfants du village, mon audace les mit tous en déroute. L'un des plus forts cependant, comme un petit Parthe, me lança, en fuyant, non une flèche, mais une pierre, qui me frappa au front. Je fus ramassé sur le champ de bataille dont j'étais resté maître, non pas mort, puisque je vis encore, mais sanglant et évanoui. Si je raconte ici cet épisode de petite guerre, ce n'est certainement pas pour faire mon panégyrique, la chose n'en vaut pas la peine, mais uniquement pour démontrer combien la France a rapidement dégénéré; car à cette époque, qui n'est pas encore infiniment reculée, tous les enfants étaient des hommes, tandis qu'aujourd'hui tous les hommes sont des enfants!!!!!

Quand mon grand-père se mésallia, en épousant *la belle*

Claire, sa sœur ne voulut pas admettre la circonstance atté-
nuante pourtant, tirée de sa beauté splendide ; elle écrivit
à son frère que jamais elle ne poserait la pointe de son pied
aristocratique sur le seuil d'une porte qu'avait profané celui
d'une paysanne. Ses mots étaient paroles de reine : elle n'y
manqua jamais. Aussi, en mourant elle déshérita mon grand-
père, qui avait été néanmoins, jusqu'au jour de sa démocratique union, le préféré de son cœur. Elle légua son beau domaine du Gaillard du Port à sa deuxième sœur, un peu parce
qu'elle l'aimait tendrement et beaucoup à cause qu'elle était
madame la Marquise de Florentin. Elle mourut en 1828 en
paix du côté de Dieu qu'elle avait servi fidèlement pendant
sa vie entière ; tranquille aussi de la part des hommes, puisqu'elle emportait au tombeau la certitude, unique affaire
terrestre capitale pour elle, que jamais son héritage ne *tom-
berait en roture.*

MADAME LA MARQUISE LESPINASSE DE FLORENTIN.

C'est donc, grâce au refus de l'aînée, que la deuxième
fille de la Tour de Noé devint marquise de Florentin. Ici,
vraiment, on n'avait que l'embarras du choix. L'auguste
gentilhomme le comprenait si bien, que voulant donner à
son fils chéri une épouse digne de porter son grand nom, il
se garda bien de renoncer à la prendre dans la famille, à
laquelle il s'était d'abord adressé, malgré l'échec inattendu
de sa première proposition. Du reste, pour parler en ce
moment le langage toujours modeste, à l'endroit de la
femme, de saint François de Sales dans sa ravissante *Intro-
duction à la vie dévote,* je dirai : que la deuxième fille de
noble de la Tour de Noé était, peut-être, encore, physiquement plus spécieuse que la première.

Mais, l'auguste famille du marquis de la rue Vélane est
maintenant éteinte. Une partie de sa fortune et son honora-
bilité tout entière sont passées dans celle de mon vieil ami,
M. le marquis Achille de Puybusque, de la même rue et
du même numéro 13. Je ne me permettrai donc pas d'entrer

la plume à la main dans son hôtel antique, malgré le bon accueil que j'y rencontre toujours. Je me contente de l'inviter dans cette page à prendre la sienne; car, il la tient comme jadis son invincible homonyme maniait sa lance sous les murs d'Ilion, ou son beau-père le général de Laplane, son épée dans les batailles de l'empire.

Madame Cavailher de Pomarède.

En 1760, cette troisième fille de la Tour de Noé épousa Géraud Cavailher de Pomarède. Les ancêtres de cette éminente famille furent au moyen-âge les Seigneurs de Mauzac, mon ancienne paroisse. Ils habitaient le pittoresque château de Pomarède, aujourd'hui en ruines, autrefois manoir superbe et seigneurial de ce charmant petit village. Ah! ces vieux Seigneurs, hélas! tant calomniés, construisaient donc tous des châteaux merveilleux, là où les roturiers, pourtant millionnaires de notre époque *de progrès*, ne bâtissent que de microscopiques châlets.

De ce mariage, parfaitement assorti, naquirent deux fils qui me furent chers, et à chacun desquels mon cœur doit donc payer ici un tribut de regrets de dix lignes biographiques.

Le premier, Cavailher de Pomarède, *l'aîné* ou *le colonel d'Etat-major*, entra fort jeune comme volontaire au service. Il fit en qualité de commandant aide de camp du Maréchal Masséna, prince d'Essling, *Enfant chéri de la victoire*, les campagnes d'Italie, d'Helvétie, d'Allemagne, d'Espagne et de Portugal. Devenu par ses talents militaires colonel d'Etat-major, il partit en 1812 avec ce beau grade pour la désastreuse campagne de Russie, où il eut un pied gelé. Il fut pendant sa longue vie un modèle accompli de haute distinction, de probité et de bienveillance aux froides apparences. On aurait dû le surnommer *l'Ours bienfaisant*.

Cet homme remarquable est mort chrétiennement dans son château de Bourrassol, à Gauré, le 10 septembre 1854, à onze heures du soir.

Le second, Cavailhèr de Pomarède, *le cadet* ou *le proprié-taire* était l'homme le plus charmant du pays, pourvu cependant que la chance voulut qu'il ne fut pas en colère. Mais, malheureusement, la fureur était son état normal. Une feuille sèche, si poussée par le vent d'autan, elle effleurait en passant une rose de son jardin enchanteur ; une goutte d'eau tombée sur les verres de ses lunettes ; s'entendre appeler Nicolas, et pourtant c'était son unique prénom : il y en avait assez pour provoquer chez lui un accès de rage épouvantable. Un jour, son fils, après une partie de plaisir, se trouvant un peu ému, *quelque diable* cette fois-là assez inoffensif le *poussant,* commit la *peccadille* peu *pendable* de briser seize peupliers, évalués quinze centimes pièce, dans une pépinière *ennemie.* Le coupable, alors, aimable jeune homme, fut obligé de venir me chercher à Muret, où j'étais vicaire, pour calmer son père qui foliait en présence d'un si *abominable forfait.* C'était l'hiver. En cette saison les nuits sont longues; et pourtant, il m'en fallut une tout entière pour modérer ses transports. Si *Oreste,* oui *Oreste* avait voulu faire assaut de *fureur* avec Nicolas Cavailher, même en lui rendant des points, mon oncle aurait gagné la partie au parricide de Mycènes. Une minute avant d'expirer, cinq après avoir reçu le saint viatique, sans la réelle présence *de Jésus doux et humble* dans son cœur, il serait mort dans des convulsions atroces, parce que dans le trouble, son épouse éplorée, confondant tous les genres, lui offrait non pas *une* mais *un* orange pour apaiser une soif dévorante.

Cavailher le propriétaire fut toujours l'*alter ego* de mon cher et tendre père. Dans le pays on les avait surnommés *les deux inséparables.* Il m'aimait beaucoup; il m'aimait au point que mes paroles le calmaient, ainsi que le son de la harpe de David apaisait l'infortuné Saül. Du reste, je rends à son fils autant d'amitié que m'en accordait son père; il en est de quelques sentiments comme de plusieurs vices; ils sont dans le sang.

Cavailher mourut en 1857. Il était, sans contredit, le

mortel le plus irascible que la terre ait produit. Je suppose donc que même dans le paradis où il est, on a dû prendre certaines précautions afin qu'aucune réminiscence d'accès de vieille colère ne vint troubler le calme dont il jouit dans cet heureux séjour.

Il me paraît d'ailleurs certain que dans le ciel les âmes de Cavailher et de mon père, ces deux amis intimes, sont voisines. Le Seigneur n'aura pas voulu séparer dans l'éternité ce qu'il avait uni dans le temps : pour augmenter, au contraire, leur félicité suprême sa bonté toujours infinie aura daigné leur assigner ces deux places permanentes.

De la Tour de Saint-Léon ou la Prieure du couvent de Longages.

Madame la Prieure du couvent de Longages, en religion Madame de Saint-Léon, était la quatrième des cinq filles de la Tour de Noé. Elle naquit l'an 1743. Sa piété précoce, la finesse exquise de son esprit, semblaient révéler une vocation certaine pour l'état religieux. Mon bisaïeul, beaucoup trop vertueux pour contrarier les desseins du Seigneur, la laissa entrer sans opposition dans le cloître. Cependant, tout en la plaçant sous le regard spécial du bon Dieu, il ne voulut pas la perdre lui-même entièrement de vue. Dieu et le père, ça fait un père dans le ciel et deux pères sur la terre. Or, la tête d'un enfant peut porter facilement le poids de deux regards paternels; car plus ils se concentrent sur elle, plus ils sont légers, plus ils sont doux.

Les vents propices de la divine Providence soufflent où ils veulent. Quelquefois même ses coups les plus imprévus jettent violemment ses favoris les plus tendres sur des rivages éloignés. Mais, le Seigneur est bon, et souvent il les dirige du côté que lui montre une prière fervente. Le cœur ingénieux de mon bisaïeul lui inspira la résolution de demander au Seigneur qu'il daignât suggérer à sa fille l'heureuse idée de choisir l'ordre de Fontrevault, lequel possédait à Longages, à trois kilomètres de Noé, un prieuré célèbre. Dieu exauça des vœux où la nature ne contrariait nullement les opérations de la grâce. Mademoiselle Rose de la Tour se renferma l'année 1759 dans ce monastère, si voisin du lieu de sa naissance, que de sa chère cellule elle pouvait contempler à la fois et le ciel sa patrie future et Noé sa patrie de la terre.

Ce cloître était le plus beau des quatorze que l'ordre possédait dans la province d'Aquitaine. Rien ne manquait à sa splendeur : résidence princière, jardin potager délicieux, pont-levis féodal, étangs immenses, lavoirs luxueusement voûtés, viviers poissonneux avec barreaux de sûreté, terrasses merveilleuses. Ce prieuré est très-ancien : je ne serais donc pas étonné que le Tasse, passant un jour à Longages eût pris un croquis de cet incomparable asile pour bâtir plus tard sur cette esquisse son palais enchanté d'Armide de la *Jérusalem délivrée*.

Je puis fournir ici une preuve plus authentique encore de la haute antiquité de cet établissement superbe. Naguère, butinant aux archives du département dans l'énorme liasse des bulles poussièreuses dont les souverains pontifes honorèrent jadis cette maison religieuse, j'en ai découvert une d'Alexandre III, laquelle en 1181 réunissait le couvent de Montesquieu-Volvestre à celui de Longages.

Mais, occupons-nous maintenant de l'histoire moderne. Le 9 juillet 1790 à huit heures du matin, quand le commissaire du gouvernement *Cappé*, assisté des trop fameux Théodore Campagne maire de la commune et de ses deux dignes assesseurs Vital Faucher et Bernard Camin, officiers municipaux, se présenta audacieusement à la porte du vieux monastère, madame de Gensac était prieure et ma tante sousprieure. Quelques jours après, le temps de la durée de l'exercice des pouvoirs de la première dignitaire étant expiré, la communauté procéda à son renouvellement triennal, et ma sainte parente fut élue prieure. Les quatre mandataires de l'Etat étaient venus pour procéder à l'inventaire du mobilier du couvent et à l'interrogatoire des religieuses qui l'habitaient, en vertu des décrets de l'assemblée nationale du 26 Mars et du 22 Avril 1790 et des lettres patentes du Roi sur les dits décrets.

Lorsque *Cappé* posa la question à mon auguste tante en ces termes impies : « Voulez-vous, Madame, reprendre la liberté que le fanatisme vous a ravie et que la loi vous restitue ? » Elle répondit fièrement, comme jadis Saint Paul au gouverneur romain : « Monsieur le Commissaire, je n'ai nullement l'intention de quitter le monastère, et j'éprouve bien moins encore l'envie de changer la sainte liberté que procurent aux filles du Seigneur les douces chaînes qui m'attachent à lui contre les fers si lourds qu'impose le monde aux esclaves qui le servent. » Le Commissaire fut plus surpris encore de rencontrer *une telle religieuse* que l'antique persécuteur impérial de trouver *un évêque.* Cette réponse, du reste, démontre que toujours dans mon *illustre famille* le mot courage appartint aux deux genres.

Le couvent de Longages était le refuge sacré de toutes les demoiselles des familles les plus distinguées du diocèse de Rieux. Quand on lit les noms des *dix-sept* dames qui composaient à cette funeste époque la communauté de ce cloître pieux, on est tenté de croire que pour être admise à un pareil rendez-vous, il fallait comme autrefois pour être reçue dans la maison royale de Saint Cyr, justifier d'au moins quatre quartiers de noblesse.

L'inventaire officiel de *l'avoir* du prieuré, déposé aux archives de la préfecture, établit qu'il possédait sept magnifiques métairies, huit mille francs de rentes sur l'Etat, des droits seigneuriaux fort considérables et l'immense forêt de Labarthe, aujourd'hui défrichée. Aussi, le 9 juillet 1790 les saintes sœurs, après avoir chauffé le couvent et tous les pauvres pendant le dernier hiver, possédaient encore dans leurs granges cent bûchers de bois tout entiers : C'est-à-dire plus de bûches que n'en a en septembre un riche marchand de Toulouse avant d'avoir entamé l'énorme pile de ses récentes provisions.

La chapelle avait aussi un orgue excellent, des ornements complets et riches et des vases sacrés splendides.

La fortune du monastère se chiffrait donc par trois millions au moins. Or, ce prieuré n'était pas un bien de *main-morte*, mais au contraire une propriété privée appartenant par indivis à quatre religieuses *de la* maison, dont voici les noms : Madame Rose de la Tour, sa cousine Claire de la Tour de Bonnefoy, madame de Gensac, madame de Lezat. Donc, les décrets de l'assemblée nationale sur les biens de main-morte ne pouvaient dans l'espèce nullement s'appliquer à ce prieuré antique. Donc, c'est plus d'un million et demi qui devrait faire retour à ma famille. Il y aurait là matière à procès et à procès imperdable. Or, ce procès je l'aurais soutenu et je l'aurais certainement gagné. Mais *soutane oblige* à ne pas réclamer même son propre bien avec ce fracas qui dénote chez le plaideur sacerdotal un spéculateur avide plutôt qu'un prêtre selon le cœur de Dieu. Il y aurait là surtout matière à restitution et certitude de l'obtenir si le gouvernement se confessait ; mais, hélas ! comme disait autrefois Dupin : *Le gouvernement ne se confesse plus !*

Cette propriété privée fut donc mise indûment en vente comme bien national par le gouvernement révolutionnaire de la France. Or, quand il fut vendu aux enchères, à Muret, un habitant de Longages, dont de très-hautes convenances me forcent de taire le nom, l'acheta, comme c'était son droit, au prix de quatre-vingt mille francs. Il eut quelques jours pour acquitter le montant de son adjudication. Or, à cette époque, déjà, les assignats étaient grandement dépréciés ; l'Etat pourtant les recevait encore dans ses caisses pour leur valeur nominale. L'acquéreur s'empressa donc d'amener à la foire de *Montesquieu-Volvestre* une paire de bœufs de la métairie de *Mouscaillon*, comprise dans son contrat. Il les vendit six cent mille francs en assignats. Il liquida sa situation d'acquéreur, et il lui resta encore un boni de cinq cent vingt mille francs, avec lequel il aurait pu acheter tous les prieurés de la province et toutes les cornes nationales des bœufs de France et de Navarre.

Or, *ces bœufs gras*, il les avait souvent ferrés, car il était le forgeron du village. Ah ! en voilà un maréchal-ferrant qui a pleinement justifié le proverbe : *En forgeant on devient forgeron, qui a su battre le fer pendant qu'il était chaud.* Ses descendants, qui ont tous quitté le métier, pourtant si lucratif du père, peuvent se féliciter aujourd'hui d'avoir eu un aïeul paternel jadis apprenti habile et taillé à la Mercure dans la forge de *Vulcain.*

Du reste, ce maigre vieillard, aux marchés si heureux, avait pour moi une affection extrême. Enfant, le jour du premier de l'an, je faisais une visite au prieuré ; il me donnait toujours un louis d'or, encore qu'il n'en fut pas très-prodigue. Le souvenir de ma tante la prieure dénouait annuellement les cordons de sa bourse. Un jour même de bonne année, il me fit cadeau d'un *assignat* que je conserve encore comme un traité d'alliance entre le loup et l'agneau. Or, mon assignat, je m'en souviens, il le prit dans une énorme liasse de ces titres périmés, qu'il avait mise dans ses archives, et qui constituait l'énorme reliquat du solde de son acquisition fabuleuse.

Aussi loin que remontent mes souvenirs, je puis affirmer ici que cet ancien artisan, lequel avait quitté Rieux pour venir habiter Longages et qu'avait si promptement enrichi l'acquisition de son fameux prieuré, ne *remuait,* comme on dit, seulement *pas une paille,* sans consulter mon grand-père. C'est lui qui voulut qu'il montât un degré de l'échelle sociale par sa manière de vivre devenue bourgeoise, et qu'il en fit franchir un autre à ses enfants en leur donnant des professions libérales ; c'était, lui disait-il, l'unique moyen infaillible de faire oublier à Longages l'origine légale sans doute mais toujours odieuse de sa trop récente fortune.

Du reste, un seul de ses descendants a bien fait son chemin. Les autres ont été tous fort malheureux. Or, je les plains de tout mon cœur ; car j'aime *quand même* toute cette famille.

L'un des petits-fils de cet acquéreur primitif du prieuré de Longages mon condisciple et mon meilleur ami est mort saintement à Constantinople, où il remplissait les difficiles fonctions de missionnaire apostolique. Mais un pareil souvenir ne me fait certainement rien oublier, seulement il m'amène à tout pardonner.

Ma tante, à laquelle la Révolution accorda une dispense radicale de clôture, de résidence et de tous droits de propriété, reçut une indemnité de la nation : ce fut une grosse pension annuelle de *vingt pistoles*, lesquelles aujourd'hui ont changé de nom, mais non point de valeur ; car chacune encore vaut dix francs.

Madame la prieure prisait comme une religieuse ; mais ses deux cents francs de rente lui suffisaient pour acheter son tabac et couvrir les intérêts du capital que représentait sa riche tabatière d'or, bâton de commandement que lui permettait de porter, d'ouvrir et de fermer, son titre de prieure.

Chassée de son monastère; n'emportant dans sa poche de bure que son chapelet, sa tabatière, son bréviaire et son mouchoir, que la République lui avait laissés en signe et preuve de sa munificence extrême, et peut-être aussi à cause qu'elle n'avait pas osé la fouiller minutieusement, la sainte et aimable prieure alla, chargée de ce léger bagage, frapper à la porte de Madame la comtesse de Roquelaure, beaucoup son amie et un peu sa parente.

La pauvre bannie du cloître, cette première fois, ne séjourna que quelques semaines dans son nouveau refuge. M. le Comte de Roquelaure son mari voyant venir l'ouragan révolutionnaire s'était hâté de vendre au comptant quelques unes de ses propriétés, dont il convertit le prix en pièces d'or. Avant de partir pour l'émigration, il confia ce trésor à l'ancienne prieure, dont il connaissait la prudence et la fidélité.

Elle loua aussitôt par un bail régulier un petit galetas dans une maison bâtie au point d'intersection de deux rues, dans la partie des combles située à l'angle qui n'aboutissait à aucun point de mur mitoyen. Après avoir placé une partie de son or au fond de chaque trou de boulin de son humble mansarde, elle fit boucher tous ces trous précieux, plâtrer les murs et tapisser desuite, afin que les endroits du papier qui correspondaient aux trous fermés se trouvassent marqués par la diversité des nuances. Il ne lui fut pas difficile de persuader au propriétaire que chassée du cloître où elle avait passé sa jeunesse, elle tenait à habiter ce cénacle, afin d'être plus rapprochée des cieux et aussi plus éloignée des bruits de cette terre.

Le jour même de l'arrivée de son cruel exil, le Comte s'empressa d'aller demander des nouvelles de sa cousine et puis de son trésor, peut-être même des deux tout à la fois. La prieure répondit : « Cher Comte, tout est sauvé. Seulement, si vous voulez palper desuite votre somme, il vous faut, non point casser votre tête contre les murs, mais bien casser les murs avec votre tête ou un autre marteau. Donnant alors au Comte le pilon de buis de son petit mortier, elle lui montre les endroits qui doivent recevoir les coups les plus terribles. Le noble cousin frappe à démolir les murs. La brique placée de champ se brise et tombe. Après cette opération préliminaire, elle l'invite à plonger son bras dans chaque trou qu'il vient d'ouvrir. Il s'exécute et chaque fois il met sa blanche main sur un nouveau trésor. Quand le Comte eut vidé ces incorruptibles recéleurs, il contempla avec bonheur ses *deux cent soixante-et-dix mille francs*, qui brillaient retrouvés et immobiles à ses pieds. Après quelques minutes de naturelle et légitime extase, il précipite tout son or dans un sac ; va chercher un portefaix et rentre chez lui escortant ses pièces et amenant sa cousine bien-aimée, qu'il présente à la Comtesse comme sa compagne désormais inséparable. Oui certes, ma chère tante avait bien gagné cette place au foyer de son cousin le Comte de Roquelaure.

C'est donc au sein de cette noble et opulente famille que pendant sa vie entière, ma tante reçut une large et généreuse hospitalité, que chaque jour elle payait comptant en charmes d'une conversation ravissante, laquelle aurait rendu jaloux Marc-Aurèle lui-même ; en exemples d'édification ; et par une vie régulière et sage comme celle d'une vraie religieuse.

Fafeur François, le sacristain si regretté, si regrettable, si distingué, si intègre de l'église de saint-Jérôme me faisait la gracieuseté de me parler chaque jour de cette tante chérie, que pendant trente ans, il avait servie à table, en qualité de maître-d'hôtel de Madame la comtesse de Roquelaure.

Telle fut donc ma tante la prieure de Longages. J'ai dit simplement sa vie sublime que j'aurais certainement pu dramatiser. Mais, je m'en suis abstenu ; car la broderie la plus belle n'aurait servi ici qu'à gâter mon canevas si luxueux et si riche.

Ma tante la prieure mourut à Toulouse en 1829, saintement, comme elle avait vécu. Et j'affirme que si dans le Ciel, où elle est, il existe un parloir, elle doit étonner les anges eux-mêmes en causant aussi bien qu'eux.

Madame DE FAUGÈRES.

Née en 1769, madame de Faugères fut la cinquième et la dernière des cinq filles de la Tour de Noé. Dans la contrée on l'appelait *la Cadette de la Tour*.

Quand l'âge fut venu, on lui proposa pour époux M. de Faugères, homme non pas précisément gentil mais vrai gentilhomme de Noé. Il tirait son nom de ses terres si pittoresques, situées sur la rive gauche de la Garonne, en amont, à un kilomètre du village. Rien au monde n'était beau comme ce charmant domaine qu'arrosaient des sources délicieuses, qu'ombrageaient des chênes séculaires, dont des milliers d'arbres fruitiers faisaient un Eden envié. Ce prétendant enflammé à la main et au cœur de Mademoiselle de la Tour était sans contredit le jeune homme le plus laid de France et de Navarre. Mais, il était honnête, riche et noble. Eh, mon Dieu ! à la noblesse personne n'y tient ; seulement, tous la recherchent et quelques-uns, même ne la voulant pas, la volent pour l'avoir. Or, la *future*, positive d'ailleurs, estima que ces trois avantages très-réels étaient une compensation suffisante pour sa laideur hors ligne. Elle prit cet affreux mari, les yeux fermés, sans doute, mais enfin elle le prit à la mairie et à l'église. Cette jeune épouse était douée d'un courage digne des femmes de la Bible. D'abord son mariage l'indique. Mais, en voici une seconde preuve, peut-être encore, plus héroïque que la première. Elle était dans sa première lune : lune de miel, lune rousse? Je l'ignore complètement ! Quand un jour on vint lui annoncer qu'une bande de scélérats s'apprêtait à arrêter son mari comme *ci-devant noble*, pour le conduire à l'échafaud. Elle alla se poster ainsi qu'une sentinelle perdue sur le chemin par où arrivait cette troupe avinée. Dès qu'elle l'aperçut, elle l'aborda une fourche de fer à la main avec un air de résolution martiale si effrayant, que ces bandits s'enfuirent à toutes jambes. L'heureux mari sauvegardé par sa vaillante moitié traversa sans être désormais inquiété *la terreur* et une longue vie et mourut âgé, fort tranquille dans son lit nuptial.

Enfant, je voyais souvent cette tante chérie. Car dans son paradis terrestre, nul fruit ne m'était défendu. Lorsque je me donnais l'honneur de la visiter, pour entretenir le feu libéral de sa tendresse, je lui rappelais, sans jamais y manquer, ce que je nommais *le coup de fourche*. Mon admirative espièglerie entamait toujours l'éloge antique et solennel par cette phrase favorite : « Dis-moi, tante, dis-moi, t'en souvien-tu ? » Et elle de me répondre avec le même air et les mêmes paroles : « Oui, neveu, oui, je m'en souviens ; c'était alors les mauvais jours de la France et les beaux jours de ta tante. » Ah ! plaise au ciel que la patrie bientôt ne voie pas des jours plus mauvais encore !

La famille de Faugères est éteinte aujourd'hui et le ravissant domaine a été morcelé et vendu. Un fils unique, laid comme le père, mais bon royaliste comme la mère, pendant sa vie le dévora, et le dévora en procès d'une absurdité colossale. Au hasard, dans le tas j'en prends deux qui suffiront pour faire apprécier la qualité des autres.

Le premier. Il l'intenta au sujet d'un verger qu'il possédait sur le versant des coteaux de *maramont.* Il ne voulait pas recevoir les eaux pluviales qui descendaient du champ supérieur et contigu au sien.

Le second. Il plaida pour un charmant petit ruisseau, lequel traversait tout son bien, en murmurant comme une lyre. Ennuyé de cette douce harmonie, il voulut judiciairement contraindre je ne sais qui et je ne sais quoi à forcer ce musicien lympide à porter ailleurs ses éternels refrains, ou à remonter vers sa source. J'en passe et des meilleurs. Et pourtant, on a dit que *l'homme est un animal raisonnable.* Je viens de prouver le contraire. Il est vrai que celui qui a proféré ce blasphème était un philosophe et *un Grec.* Or, du temps même du vieux Priam, un prêtre troyen, malgré sa charité sacerdotale aussi ancienne que le monde, s'écriait un jour en présence du *monstrueux cheval de bois : Timeo Danaos ;* Je crains les Grecs.

J'ai consacré un chapitre aux cinq demoiselles de la Tour de Noé, pour prouver que ma famille avait eu non seulement des hommes *illustres* mais encore des femmes *célèbres.* Il le fallait ainsi ; car dans une même famille les deux sexes puisent leur sang à la source commune : donc, la vertu de la race et la sève de la souche doivent monter par les tiges et se communiquer aux branches, sans s'occuper des genres, à moins qu'il ne soient neutres.

CHAPITRE XIV.

De la Tour de Monssinat.

De la Tour de Monssinat , naquit à Noé en 1761. Son prénom était Thomas; car, dans cette ligne, tous les enfants du sexe masculin avaient ce premier prénom , comme dans la mienne tous portaient celui de Gabriel. Il était le deuxième fils de Thomas de la Tour, le célèbre professeur de la faculté de médecine de Toulouse.

Il fit de brillantes études à Toulouse, et ne rentra au village qu'après avoir noblement conquis le titre de docteur en Droit civil. C'était d'ailleurs un homme d'une érudition remarquable. Il a traduit et commenté les prédictions du *Mirabilis Liber* de saint Césaire. J'ai lu naguère ce beau travail avec un plaisir extrême. Il renferme des vues profondes; de la Tour de Monssinat était un penseur sérieux. Cette œuvre de famille est restée manuscrite : elle mérite pourtant les honneurs de l'impression. Le fils et le petit-fils de mon oncle vénéré sont trop distingués; ils ont trop l'esprit de famille pour ne pas prouver au monde que la plume dont nous nous servons tous trois n'est tombée de la queue d'aucun *Paon* exotique.

Du reste, il prit le nom de la Tour de Monssinat, quand il épousa, à la fin du siècle dernier, Mlle Monssinat de Noé , fille de Monssinat, docteur *in utroque jure* , jurisconsulte éminent, juge de paix de Noé, avocat en parlement, député à l'Assemblée nationale et conseiller à la Cour d'appel de Toulouse, quand les cours d'appel furent créées.

Nommé maire de Noé en 1798, il garda pendant vingt-deux ans l'écharpe de sa commune, et fit preuve pendant cette longue carrière municipale d'une capacité administrative hors ligne.

Trois épisodes de sa belle vie, que je vais raconter, suffiront pour immortaliser cet homme *illustre*.

Premier épisode. C'était le 6 avril 1814. L'armée anglo-hispano-portugaise passait par Noé, pour se rendre à la bataille de Toulouse, où le maréchal Soult lui avait donné rendez-vous, espérant être rejoint par son collègue le maréchal Suchet et battre son immortel adversaire dans un combat décisif. Par ce dernier exploit, le duc de Dalmatie aurait enrichi le Midi des splendides dépouilles de l'armée anglaise et couronné dignement sa brillante retraite.

Le duc de Wellington, qui commandait en chef les forces des trois nations combinées voulant laisser reposer ses troupes qui arrivaient à marches forcées du fond du Portugal, s'était arrêté au village. Son quartier-général fut établi au château. D'ailleurs, il se trouvait obligé d'attendre sa grosse artillerie perdue dans la boue des chemins de traverse, dans lesquels il avait eu la mauvaise idée de l'engager, pensant la faire arriver plutôt.

De la Tour de Monssinat, maire de la commune, alla trouver mon père, son neveu, pour le prier de lui servir de secrétaire extraordinaire pendant tout le temps du passage de l'armée étrangère. Il lui demanda le secours de sa plume pour écrire, et celui de son bras pour le protéger contre la brutalité et la rapacité des soldats écossais. Mon père alors avait vingt-deux ans; il était le plus bel homme du pays. La main fermée, dans ces temps déjà reculés, s'appelait le poing. Or, quand il s'en servait dans cette position, ses coups étaient équivalents à ceux de la massue d'Hercule; car alors les hommes étaient des hommes. Le chef d'état-

major du lord anglais était un colonel d'une valeur militaire
prodigieuse ; mais il s'était immédiatement épris d'un amour
déréglé pour le vin de la vigne que Noé avait plantée. Avant
de se rendre chez le maire, à huit heures du matin, déjà
il avait fait une descente aux caveaux généreux du château ;
il en était même remonté légèrement ému. Aussi, quand il
se présenta chez le maire, pour faire au nom de son général
des réquisitions militaires, mu par l'esprit du vin qu'il venait d'absorber, ses prétentions furent follement exagérées.
La discussion s'anima. Les deux interlocuteurs parlant latin
s'étaient levés, l'un pour mieux demander, l'autre afin de
refuser plus énergiquement ce qu'il ne pouvait accorder.

Ils étaient placés debout en face l'un de l'autre, séparés
par la table de travail sur laquelle mon père se tenait incliné,
serrant dans sa main gauche, dont il savait parfaitement se
servir, une assez grosse règle à crayonner. Le bouillant secrétaire écoutait impatienté le dialogue que l'officier britan-
nique poussait déjà jusqu'à l'injure de l'ivrogne. Heureusement encore pour lui que :

« Le latin dans les mots brave l'honnêteté. »

Mais bientôt, joignant l'action à la menace, il dégaîne son
sabre pour casser la tête du maire, ferme, quoique toujours
poli. Sa main est mal assurée, la lame entame légèrement sa
joue ; toutefois en descendant, elle allait couper le cou de
mon père. Il pare le coup avec sa règle, qui est partagée en
deux ; la peau de sa nuque est pourtant fendue. Il passe la
main sur la blessure ; il l'en retire ensanglantée. D'un autre
côté, il voit la joue de son oncle, qu'il aime, toute rouge
de sang. Il ferme alors sa main teinte du sien, et d'un coup
de poing sur la tête, il terrasse le brutal agresseur ; le saisit
par la poitrine ; ouvre une croisée et le précipite sur le pavé
de la route. Le coup est si violent, qu'encore que le salon de
son oncle fût au rez-de-chaussée, il lui brisa la colonne verté-
brale, et le colonel et son ivresse restèrent morts sur place.

A cette vue, le maire, toujours plein de sang froid, ceint
son écharpe, court au château et sollicite d'urgence une au-

dience immédiate de Monseigneur le Duc commandant en chef. Reçu à l'instant même, il expose les faits. Le noble Lord, impartial et juste, lui répond : « Je regrette infiniment mon chef d'état-major; mais il n'a que ce que méritait son inqualifiable agression. Cependant, je conseille au secrétaire et neveu du maire de se cacher, s'il ne veut être hâché bientôt par mes soldats, devenus furieux, quand ils connaîtront l'incident. »

Déjà mon père avait devancé l'avis, et s'enfuyant à travers le parc de son oncle, était allé s'enfoncer dans une caverne inaccessible, creusée par des blaireaux à la *Roche de Marsac*, sur les bords et la rive gauche de la Garonne, à un kilomètre du village, en aval du fleuve. Là, il resta enseveli pendant les trois jours que dura le passage des Anglais, ne sortant de cet asile, ou mieux de ce terrier, que la nuit ; pour respirer un air libre et prendre quelque nourriture dans les métairies d'alentour.

Deuxième épisode. Le crédit administratif de mon oncle était alors si considérable qu'il obtînt du gouvernement, déjà le 27 avril 1814, une très-forte somme pour indemniser les habitans de Noé et de plusieurs communes voisines qui venaient d'être soumis à payer d'énormes réquisitions de guerre de la part des troupes alliées. Naturellement, il fut chargé de répartir les fonds qu'on lui avait accordés : inutile de dire qu'il remplit consciencieusement son délicat mais facile mandat. Pourtant, le 20 mai 1820 une plainte rédigée et signée par le fameux *Larrouil*, autre rejeton de cette tige féconde en délations, et par quatorze habitans de Noé, oui une plainte fut lancée contre lui, à la préfecture de la Haute-Garonne. On l'accusait d'avoir retenu injustement toute la somme destinée aux indemnitaires des communes lésées. Attaqué dans son honneur, mon oncle demanda une enquête. Le 29 du même mois le Préfet l'accorda. M. M. de Sicard, de Sainte-Marie et de Saint-Géniez, maires de Saint-Sulpice, de Longages et de Mauzac, furent nommés

commissaires enquêteurs. Leurs investigations les plus mi-
nutieuses aboutirent à la démonstration de l'innocence de
l'honorable accusé et à la preuve officielle de l'emploi des
fonds alloués à leur destination légitime. Les quittances,
fournies par le maire de Noé établirent qu'il avait plus dé-
pensé qu'il n'avait reçu. Cet excédant d'une quinzaine de
francs provenait de l'intérêt produit par la somme obtenue,
laquelle était restée quelques jours dans la caisse des dépôts
et consignations. Les dénonciateurs étaient persuadés que
ces quittances n'existaient plus. Quand ils les virent paraître,
leur confusion fut atroce. A cette occasion, si glorieuse pour
mon oncle, M. le Préfet, Baron de Saint-Chamans, lui
adressa, le 20 Septembre de cette même année, la lettre la
plus élogieuse qu'un administrateur du département puisse
écrire à un maire de son ressort. La minute de ce précieux
monument de famille est conservée aux archives de la préfecture, au dossier de mes ancêtres.

Troisième épisode. En 1861, mon nom faisait quelque
bruit à Toulouse ; car je prêchais l'Avent à la Dalbade. Or,
depuis la fondation de l'Eglise catholique, c'était la première
fois *qu'un prêtre enterreur* donnait une station dans une paroisse et dans une paroisse comme celle de la Dalbade, dont
était alors curé mon ami l'Abbé Vignal, le pasteur le plus
distingué, sans contredit, et sous tous les rapports, que
possédât à cette époque l'Eglise de France. Voilà pourquoi
le comte de Chazelles, ancien sous-préfet de Muret, de passage à Toulouse, avait entendu articuler mon nom, encore
si obscur. Après informations prises, sachant que j'étais le
neveu de l'ancien maire de Noé, il me fit l'honneur de venir
m'inviter à déjeuner avec lui chez sa nièce mademoiselle de
Lastic. Le comte de Chazelles était un des hommes les plus
distingués que j'aie connus dans ma vie. Pendant tout le
repas, il me parla des embarras épouvantables de son administration, par suite de la fédération de 1815, mais principalement à cause du tragique et féroce assassinat du général

Ramel, crime affreux qui avait bouleversé son arrondissement lui-même ; forfait horrible dont l'auteur vrai a eu la chance de mourir sans avoir jamais été inquiété par la justice. Il me disait : « Si M. de la Tour de Monssinat n'avait pas mis à ma disposition ses capacités exceptionnelles, sa haute influence et les sympathies universelles dont il jouissait dans toute la contrée, jamais, non jamais certainement je n'aurais surmonté les obstacles effrayants contre lesquels je me heurtais sans cesse. »

Il me serrait tendrement la main, se dédommageant sur une main de famille de la privation qu'il éprouvait de ne pouvoir presser celle d'un autre de la Tour dont le concours avait fait sa fortune administrative, puisqu'il lui procura l'honneur de recevoir des félicitations de la bouche de Sa Majesté Louis XVIII lui-même, et de sa main royale la croix de Saint-Louis et sa nomination à une magnifique préfecture. Quand je pris congé de cet homme excellent, il m'embrassa cordialement, me promit de concentrer sur la tête du neveu toute la reconnaissance qu'il devait à l'oncle. Il me jura même qu'il m'obtiendrait la mitre s'il n'était pas mort avant la restauration de Henri V. Or, le comte de Chazelles n'est plus ; Henri V foule encore la terre de l'exil, et moi je suis toujours l'*auxiliaire des Bleus*, l'auxiliaire sans gloire, mais l'auxiliaire heureux : et c'est là l'essentiel.

Oui, cette position est sans éclat, mais non sans bonheur pour un homme de ma race, assez *original* pour préférer à la position sociale, laquelle est toujours un justaucorps productif mais gênant, la valeur personnelle, bien qu'elle ne procure qu'indépendance et considération ; car en définitive, un zéro, même millionnaire, n'est-il pas toujours un zéro ? Or, pour un être de cette espèce la certitude de se trouver à la hauteur de sa position, ce qui n'est pas si commun qu'on pense, un ministère *tobitique* qui le met continuellement en contact avec un curé de tête, de cœur et de bon ton : tout cela n'est pas dépourvu de charmes. Cette agréable fréquentation est bien d'ailleurs, depuis la mort de mon ami l'Abbé

Vignal, la plus douce consolation qui soit venue consoler
mon inconsolable douleur. Du reste, chacun prend son plaisir là où il le trouve ; car sur ce point chacun travaille pour
son compte. Or, j'ai si bien rencontré le mien dans ma modeste position, que depuis quinze ans que j'habite Toulouse
j'ai repoussé cent propositions splendides qui m'arrivaient
de toutes parts, sauf de celle de mon administration, laquelle
n'a jamais découvert chez moi ni assez d'intelligence, ni
suffisamment de distinction et de sainteté ; assez, en un
mot, de ce que saint Jean appelle *ardens et lucens*, pour
m'honorer de la plus minime.

De la Tour de Monssinat quitta en 1820 l'écharpe municipale par suite des ennuis incessants que lui causait son ad-
joint, *Larrouil*, l'homme le plus brouillon que la terre ait
porté. Il appartenait à cette famille phénoménale de Noé,
prédestinée à la délation, à la calomnie et aux plus vils
commérages. Toujours, il se montra digne de son indigne
race, dont il a été le dernier produit. Avec lui donc est
mort le venin de l'espèce. Jamais, pendant leur vie entière
de la Tour de Monssinat et de la Tour le professeur à la
faculté de médecine de Toulouse n'usèrent de la particule. Il
existe au dossier de ma famille, conservé aux archives du
département, des pièces authentiques qui dénotent quelles
étaient les idées de ces deux éminents personnages en matière
de généalogie. Je vais faire connaître leur manière de voir
sur ce point délicat, sans pourtant l'apprécier ; car ici
je suis historien : or, l'histoire Narre et ne discute pas.
Ces deux hommes célèbres préféraient la vertu de la vie à
la noblesse de la naissance. Ils comprenaient fort bien que
la grande république dans sa reconnaissance eût surnommé
Scipion Publius-Cornelius *l'Africain*, à cause qu'il avait conquis l'Afrique. Mais, malgré leur riche intelligence ils
n'auraient jamais su compter de combien de degrés aurait
monté la gloire du vainqueur d'Annibal à Zama, si un
sénatus-consulte avait notifié au monde qu'à l'avenir Scipion
l'Africain ne s'appellerait plus le citoyen Scipion : *Civis*

Scipio ; mais qu'il se nommerait Monsieur de Scipion : *Dominus Scipionis.*

Tel a donc été le célèbre de la Tour de Monssinat. Cet auguste personnage mourut à Toulouse, le 15 janvier 1824, laissant trois enfants, tous dignes de lui et de sa noble famille.

I. — Madame Sevène, épouse du vertueux M. Sevène, directeur des contributions directes en retraite. Elle a toujours été si pieuse que ses deux frères dans l'intimité ne l'appelaient que sainte Euphrasie.

II. — Monsieur le docteur Amédée de la Tour, rédacteur en chef du journal *l'Union-médicale.* Ce personnage jouit à Paris d'une position dans son art la plus haute et la plus considérée qu'un docteur-médecin puisse envier aujourd'hui, dans cette capitale qui en compte de si éminents. Sans les Prussiens, lesquels, comme faisaient jadis les Barbares, ont brûlé toutes ses notes dans son château de Châtillon, la médecine aurait dû à sa plume érudite, la plus savante de toutes ses histoires.

III. — Enfin, Frédéric de la Tour, mort à Paris l'an 1867. Ce dernier fut négociant et soldat. Mais, il n'avait ni le goût militaire, ni l'esprit des affaires. Il perdit donc et son temps à l'armée et son argent dans le commerce. En ce monde nul mortel n'arrive, si en partant il ne prend pas son chemin ; la vocation c'est l'atmosphère, c'est l'élément de l'homme ; l'aptitude constitue l'appareil de la locomotion. L'homme, quand il ne suit pas sa destinée normale est comme un poisson hors de l'eau, ainsi qu'un navire sans voiles ou sans vapeur. Frédéric de la Tour était né musicien ; il aurait dû s'occuper de musique ; il jouait du violon d'une façon ravissante : il fallait donc qu'il cultivât ce délicieux instrument ; il serait devenu, peut-être, le premier violoniste du monde. Or, je suis ici de l'avis de César : il vaut mieux être le premier dans un village, que le second dans Rome. Mais, Frédéric de la Tour est mort : Silence!!!

CHAPITRE XV.

De la Tour, le maître.

De la Tour le maître, fut frère de ma tante la prieure et de mon grand-père. La majesté de sa prestance, la blancheur précoce de ses cheveux lui firent donner le surnom de *maître*. A trente ans déjà son abondante chevelure était blanche comme neige. Or, on restait convaincu au village que la *tête d'un fou n'a jamais blanchi*. Du moment donc que celle de mon oncle était plus et plutôt blanche que celle de tous les autres, c'est qu'il devait être plus sage. C'était pour tous un Nestor de trente ans. Il fallait que tous les habitans fussent ses disciples, et lui seul *le maître* de Noé.

Il est certain, qu'en fait d'administration, il manœuvra toujours en maître homme. Maire de 1820 à 1830, dans ces dix ans, il enfanta des prodiges.

Noé était une ancienne petite ville forte. Des fossés immenses l'entouraient et le traversaient. Ces tranchées profondes étaient la fosse commune des immondices de tous; le repaire assuré d'animaux dégoûtants; l'asile préféré de reptiles vénimeux; le semis permanent de mille plantes vénéneuses, lesquelles avaient élu en ces lieux malsains un domicile tranquille, toujours à l'abri des autans. Or, sans grever d'impôts le budget léger d'une mince commune, de la Tour le maître trouva le moyen de transformer ces cloaques infects en jardins enchanteurs, en esplanades superbes. La passion d'Abolin pour la bâtisse et les embellissements publics lui permit d'exécuter pour rien ses utiles desseins. Abolin avait acheté le château et les vastes domaines des Seigneurs de Noé. Conventionnel modéré, il avait voté l'exil de Louis XVI. Sous un abord glacial, il cachait un bon cœur. Cette mouche, revêche en face d'une goutte de vinaigre, on la prenait facilement avec le miel de la douceur; les charmes de la politesse et l'odeur de l'encens, pourvu que son œil perçant n'en aperçut pas la fumée. Or, mon oncle avait parfaitement constaté que c'était par le talon placé du côté du cœur que demeurait vulnérable cet Achille du village. Il en obtenait tout ce qu'il voulait en le caressant à propos; en lui cédant au moment opportun un pouce de terrain communal pour aligner le mur d'une volière; pour redresser un fossé qui vers le milieu semblait décrire une courbe de quinze millimètres. Il rendit carrossable la côte inaccessible qui mène au port de la Garonne, vrai port de mer pour les habitans de la commune. Il la dota de trois sources d'eaux vives et roulantes, comme dans la plaine, nulle autre ville n'en possède de pareilles. Elles sont tellement abondantes, qu'elles suffisent à faire tourner les meules des deux moulins du village.

Et cependant, des langues de vipère, comme il y en a partout; des jaloux, comme en produisent même les plus petites localités, accusèrent cet homme si précieux de vendre les communaux pour quelques *têtes de barbeaux en court-bouillon.* C'était lui, au contraire, qui après avoir savouré à la table du Seigneur de Noé ce mets qu'il adorait, entre le fromage et la poire exploitait au profit de sa commune l'amour de son opulent administré pour la truelle, les tulipes, les platanes et les compliments bien tournés. Oui, c'est lui, qui, par sa diplomatie administrative, a rendu Noé le plus joli village du département de la Haute-Garonne. C'est lui, enfin, qui a fait subir à cette charmante commune une transformation merveilleuse, laquelle sans ses combinaisons gratuites, serait toujours restée à l'état perpétuel d'irréalisable projet,

Donc, en perdant mon oncle, Noé perdit sinon le plus *illustre*, du moins le plus *habile* de ses *maîtres*; et la commune reconnaissante aurait dû lui dresser des statues.

Et pourtant sans ces quelques lignes que mon cœur lui consacre, de la Tour *le maître*, n'aurait eu d'autre statue qu'un éternel oubli.

Voilà comment dans les villages on laisse périmer les traditions du foyer domestique les plus glorieuses ! C'est ainsi qu'il existe à Noé une noble famille dont quelques membres labourent la terre et rabottent des planches : je veux parler de la maison Darès, à laquelle appartiennent mon ami Hippolyte Pujol-Arbelli, sa sœur Mlle Amélie, leur cousine Mlle Irma Durau. Or, le mot Darès n'est que l'altération successive du nom *Haro*. Eh bien ! Haro était tout bonnement le duc Louis de Haro, négociateur plénipotentiaire aux conférences de *l'Ile des Faisans* avec le cardinal Mazarin, pour le mariage de Marie-Thérèse d'Autriche, fille aînée de Philippe IV, roi d'Espagne, avec Louis XIV. Darès est donc un descendant du duc de Haro. Avant l'apparition de ma brochure, il ne s'en doutait guère !

La fortune de son Excellence Monseigneur le duc de Haro baissa fort rapidement. Son fils déjà dans la gêne, vint s'établir à Muret vers l'année 1680, vingt ans après le mariage de Louis XIV. Son petit-fils, plus malheureux encore, vers 1720 entra comme gendre dans une famille de Noé qui habitait cette maison, qui depuis s'est appelée, s'appelle encore et s'appellera toujours la maison du Darès : *En ço d'où Darès*. Le petit-fils du duc, en entrant dans cette humble demeure communiqua à ses vieilles murailles un tel fumet de grandeur qu'elles ne le perdront jamais.

Cinq générations intermédiaires, seulement, séparent Amélie, Hippolyte, Irma, leurs cousines et cousins germains de la souche ducale commune. Le duc de Haro est donc leur cinquième aïeul. Cela veut dire, qu'ils sont parents avec lui au sixième degré.

Voici, maintenant la progression décroissante qu'a subi

pendant deux cent quatorze ans ce mot pourtant presque princier : .

Son Excellence Monseigneur le duc de Haro, le duc de Haro, le D. de Haro, le de Haro, le d'Haro, le d'Harès, Darès tout court. Mais Darès tout court a parfaitement le droit de retourner la progression, de la rendre ascendante, de remonter, en un mot, à son Excellence Monseigneur le duc de Haro, et de garder éternellement ce nom si glorieux.

Du reste, les anciens de Noé qui se souviennent du vieux Darès, auront certainement remarqué la douceur de sa physionomie patriarcale. Tous les habitans du village se rappellent encore Joseph Darès, menuisier et gendre de Michelou. Quelle bonne mine! quel ensemble distingué! Pour moi, je n'ai oublié ni Mme Pujol née d'Harès, ni la finesse de son intelligence. Oui, c'était bien un des esprits les plus aristocratiques que j'ai connus de ma vie. Or, à tous ces personnages, il n'a manqué que des rentes, des équipages et un grand train de maison; car, ils avaient tous la figure et les manières de leur noble race, qu'ils ont laissée fatalement s'amoindrir! Ah! voilà le monde : qui perd sa fortune perd donc toujours son nom, et un blason dédoré équivaut à peine à une marque de fabrique !

CHAPITRE XVI.

De la Tour, le peintre.

Cet artiste célèbre naquit à Noé le 8 avril 1807. Il fut un des fils de l'aîné de la famille. Son père s'appelait la Tour de Bordeneuve. Comme il était le plus ancien des quatorze enfants de mon bisaïeul, il devint naturellement par rang d'âge le premier pauvre parmi eux. La chance de la famille des la Tour de Noé avait tourné. A l'époque du bonheur, la fortune suivit dans la tombe le plus jeune de mes ancêtres; aux temps malheureux, la misère naquit dans le berceau de l'aîné de ma race.

Le peintre en herbe fut envoyé à l'école chez le *régent* de la localité, à raison de douze sous par mois. Son père néanmoins se trouva forcé, déjà le deuxième, d'ouvrir chez le *magister* débonnaire un compte qu'il ne put jamais payer. Cet enfant eut de bonne heure la figure et l'aptitude de son futur métier. Quant aux outils, ce fut bien autre chose : mais, bon ouvrier il sut heureusement se servir des plus mauvais. Un charbon pris dans les cendres, un morceau de craie tombée des mains d'un vitrier ambulant, lui servaient de pinceaux; les portes et les contrevents du village étaient ses toiles dont les gonds formaient le chevalet.

Un de ses oncles de Toulouse, riche encore, se chargea de l'éducation de ce gamin si bien doué. Il devint pauvre à son tour, lorsque en 1830 il refusa de prêter au gouvernement de juillet un serment qui répugnait à ses convictions politiques. Or jamais dans ma famille il n'y eut ni hypocrites ni lâches disant ou faisant ce qu'ils ne pensaient pas. Ce refus de serment fit perdre à son oncle ses huit mille francs qu'il gagnait par an dans l'administration des postes. Heureusement pour le peintre son neveu, qu'à cette époque il terminait les études de sa profession à l'école des beaux-arts de Toulouse.

En 1830, c'était comme aujourd'hui ; ce réfractaire, pour n'avoir pas préféré les écus à ses convictions, eut l'insigne honneur d'être traité de fou par ses amis et connaissances. Mon grand-père dans cette circonstance me chargea de lui dire, un jour que je vins à Toulouse : « Qu'il avait laissé les choses à leurs places au moment où il préféra la vertu aux gros sous. »

De la Tour le peintre eut bientôt conquis en ville une position artistique vraiment splendide. L'école qu'il ouvrit fut fréquentée par la haute noblesse de la Cité de Rivals. Toutes les jolies mains aristocratiques sachant tenir un pinceau, c'est lui qui les guida. Ces augustes familles avaient pour lui un véritable culte. Mme de Boselli, notre ancienne et si distinguée préfète, jamais ne reçut un chevreuil, tué dans les chasses de ses vastes forêts, qu'elle n'en offrît un quartier au professeur de ses enfants. L'amitié de mon oncle ne manquait jamais de me convier au festin dont faisait les délices ce savoureux animal.

Il était le maître de dessin de l'établissement des Feuillants. Les Feuillants ! vrai Saint-Cyr du midi de la France, dont Mme de Maintenon aurait dit : « Puissent les Feuillants durer aussi longtemps que la France ; et la France aussi longtemps que le monde ! » Dans ce couvent il était adoré ; et si Raphaël se fut présenté chez ces dames, pour supplanter *son rival*, elles l'auraient en chœur mystiquement éconduit.

Il excellait sur le violon ; et coïncidence étrange ; c'est moi, qui un jour, enfant encore, donnai à mon *grand oncle*, superbe homme déjà alors, mon propre instrument, à cause que ma chère grand-mère, n'avait plus d'argent à

me fournir pour y remettre les cordes que je cassais trop
souvent. Nous avions d'ailleurs d'autres défauts qui nous
étaient communs. Sa famille le grugeait sans cesse, et souvent le rendait le plus gueux des peintres de France et de
Navarre; ne lui laissait que ses toiles et ses pinceaux : comme
la mienne ne m'a laissé que ma belle bibliothèque et ma
plume d'ivoire. Il nous arrivait souvent de rire ensemble de
notre gaucherie phénoménale et respective à nous laisser
ravir la bourse par des *Cartouches* et des *Mandrins* domestiques. Artiste jusqu'au bout des ongles, ses appartements
étaient un vrai musée de Cluny. Son atelier, que lui-même
fit construire dans une maison amie , renfermait des tableaux
de grands maîtres. Son riche salon était meublé à l'antique.
Après sa mort, ses vieux meubles adorables furent vendus
aux enchères par une multitude de paysans ses héritiers et
achetés à chers deniers par un prince de Russie.

En fait de modestie il était le digne neveu de son oncle,
mon grand-père, qui avait prédit à son frère aîné les hautes
destinées artistiques de son fils tendre encore. Dans son ap-
préciation les *Soulié,* les *Garipuy,* les *Blercy,* les *Chambaron,*
les *Golse,* les dames Mourlane et Gineste étaient forts dans
leur art : quant à lui il n'y entendait rien. Ah! ce n'est pas
ainsi qu'en jugeait la France entière. Quand les *Daubigny,*
les *Courbet,* les *Bida,* les *Corot,* les *Rousseau* et autres
allaient aux pyrénées étudier la grande nature sur les lieux,
ils lui accordaient toujours tous au moins deux jours. Ces
éminents artistes, en admirant ses dessins au fusin, ses
tableaux de paysage, lui disaient : « Mais vous êtes plus
habile que nous; venez donc à Paris avec vos œuvres; il ne
leur manque que le jour de la capitale et la réclame de la
presse. » Et lui leur répondait invariablement avec sa
bonhomie charmante : « Ah! laissez-moi donc à Toulouse, où
je suis cent fois mieux qu'un poisson dans l'eau. »

De la Tour le peintre, mon si cher parent, expira à
Toulouse à l'âge de 56 ans, le premier mars 1863, à trois
heures du matin. Il décéda non pas seulement muni des

sacrements de l'Eglise; pour un membre de ma famille qui entreprend la traversée si longue de l'éternité, ce mince et commun bagage est considéré comme insuffisant : mais il finit plus chrétiennement encore que tout cela, en mourant d'une mort édifiante et pieuse. Dans cette douloureuse circonstance, il ne voulait que de mes conseils. Il me disait avec une naïveté grande comme son talent : « Quand il s'agit de bien mourir, il ne faut écouter que les prêtres ; il n'y a qu'eux qui sachent comment on doit s'y prendre. » J'avoue que j'exploitai ces dispositions sublimes aussi en grand que possible. Je voulus qu'il poussât jusqu'au luxe ses précautions pour mourir saintement. J'affirme que M. l'Abbé Montagné, alors vicaire de la Daurade, aujourd'hui curé du Taur, se garda bien de jamais y contredire.

Je me félicite de pouvoir formuler ici les solennelles et sincères actions de grâces de mon cœur de parent et de prêtre envers ce digne curé de Toulouse qui répare avec une intelligence digne de sa réputation les actes de vandalisme commis dans son ogivale église. Ah ! plaise au Seigneur que les lenteurs, les dépenses et les déboires de cette glorieuse entreprise ne ruinent pas sa santé et ne lassent pas son courage.

Cet artiste brillant et bien-aimé mourut malheureusement des suites de la chute d'un mauvais tilbury. Il n'y était pas à sa place : en y montant il avait dérogé, lui qui aurait dû rouler carrosse. Dieu, en permettant ce terrible accident, prouva qu'il veut qu'on soit modeste, mais toujours avec modération : *Oportet sapere, sed sapere ad sobrietatem.* Comme Raphaël, il mourut jeune, et sa mort accidentelle et prématurée enleva au Midi de la France la plus pure de ses *illustrations* artistiques. Ici du moins j'ai une consolation : c'est que ses œuvres et sa mémoire seront éternelles à Toulouse !

Ce peintre célèbre était, en effet, la bonté même. Si les coups de son habile pinceau un jour disparaissent de la toile, les actes de bienveillance que sa belle âme accomplit jamais

9

ne s'effaceront du souvenir de ceux qui l'ont connu. Il avait un cœur d'or comme *il n'y en a plus*. C'est pour moi un devoir sacré de faire aujourd'hui cet aveu sans restriction et sans crainte de blesser personne; car j'ai le bonheur de posséder encore dans la rue saint-Antoine du T un *cousin* et un ami qui a lui aussi un noble cœur, mais un cœur comme *il n'y en eut jamais.*

CHAPITRE XVII.

De la Tour de Noé Gabriel XX, surnommé le Bel, mon aïeul ou mon grand-père et le combat de la Terrasse.

Mon grand-père naquit à Noé le premier mars 1761. Le Ciel en le créant lui donna du *génie* : il n'a manqué que d'un théâtre où il put en déployer les puissantes ressources.

Le martyr fut son parrain.

Les promesses, qu'à ce titre il avait faites pour lui au Seigneur, son filleul les tint toutes. Comme il était le dernier de leurs quatorze enfants, son père et sa mère ne consentirent jamais à se séparer de leur cher Benjamin. C'est pour cela, qu'ils confièrent le soin de son éducation aux deux prêtres, ses oncles vénérés, qui en firent bientôt un élève merveilleux.

Il avait d'ailleurs une figure si remarquablement belle qu'on l'appela le Bel ou le Belou. Il me semble pourtant qu'il fit mentir le proverbe et que son nez un peu gros en gâtait la beauté.

Saint Louis ne voulut épouser que la plus belle femme de l'Europe. Sur ce point, mon grand-père avait des goûts de roi, lui aussi n'accepta pour compagne que la plus jolie créature du pays. Elle s'appelait Claire; mais dans la contrée on l'avait surnommée *la belle Claire*. Il ne consulta ici ni sa fortune ni sa race; de ces deux choses il en avait pour deux.

La Terreur l'incarcéra comme *riche, aristocrate* et *suspect* d'aimer son fils, *son Dieu, son roi, sa dame.* Pour sortir d'une prison où il s'ennuyait à périr, il fit jouer tous les ressorts de l'industrie humaine; il poussa le zèle pour sa liberté jusqu'à chanter misère : mais l'écho de sa voix vint mourir aux pieds du mur de son insensible cachot. Il employa la latitude relative que ses geoliers lui donnaient, à fondre une énorme quantité de balles, qu'il espérait bien un jour envoyer à l'adresse de ces mauvaises poitrines, sous lesquelles ne battaient que des cœurs d'oies, de tigres ou de lâches renards. Condamné à mort le 28 germinal an II de la République par le tribunal Révolutionnaire, il ne dut la liberté et la vie qu'à la chute de Robespierre.

Il était entré innocent en prison, il en sortit non pas coupable, mais le cœur plein de rage contre ses bourreaux, ses tyrans et ses persécuteurs.

De la Tour est un grand citoyen, rendant à Dieu ce qui appartient à Dieu, et à César ce qu'on doit à César. Mais, son intelligence jamais n'a pu comprendre que Danton, Robespierre et Marat, que Dartigoyte qui, innocent, le condamne à mourir, soient eux aussi des Césars. Il les prend pour des animaux vils et malfaisants, d'autant plus dangereux que leurs griffes sont longues et atteignent partout; elles s'appellent : *Tribunaux révolutionnaires;* pour des monstres à cent têtes dont les gueules se nomment : *Guillotine en permanence :* vastes cratères, lesquels jamais en écumant du sang ne vomissent par mégarde une seule des innombrables victimes qui tombent sans relâche dans ces gouffres béants. Aussi, voudrait-il qu'une énorme prime récompensât le hardi chasseur de bêtes féroces qui oserait les tuer. Voilà pourquoi, quand les comtes de *Rougé* et de *Paulo* se proclament chefs de *l'insurrection royale,* il rassemble une armée pour seconder leur tardive vengeance. En arborant le drapeau blanc, il ne croit pas lever l'étendard de la révolte, mais bien celui de la liberté qui va enfin émanciper la France du joug des tyrans qui l'oppriment. Il ne pense pas ramasser l'épée rebelle de Catilina conspirateur, mais au contraire, s'armer du poignard libérateur de Brutus réveillé de son politique sommeil.

, Or, nous sommes au soir du 20 thermidor an VII de la République française une et indivisible. De la Tour de Noé embrasse tendrement son fils qui dort dans un berceau et sa femme qu'il adore; adresse sur la porte de l'église, alors fermée, au Dieu des batailles qui l'entend, une prière courte et bonne : il lui recommande son enfant, son épouse et le sort du combat qu'il va bientôt livrer.

Ses troupes sont rangées en colonne de marche sur la route nationale n° 125 de Toulouse à Bagnères-de-Luchon. A leur tête, à cheval il attend.....

Dix heures sonnent enfin à l'horloge du village. A ce signal convenu, d'une voix vibrante il jette aux échos endormis de la nuit, sa fidèle complice, l'ordre militaire du départ; il dit : *Pas accéléré, en avant, marche.*

Il quitte le grand chemin à l'auberge de l'embranchement de Carbonne. Quand ses troupes sont toutes engagées dans la route qui conduit au chef-lieu du canton, il ordonne à ses soldats de s'asseoir en bon ordre sur la terre chaude et sèche ; de garder un profond silence; et à ses cavaliers de mettre pied à terre et d'empêcher leurs chevaux de hennir. Mon grand-père est un chasseur intrépide. Il connaît tous les cognassiers, toutes les touffes de buissons, tous les sentiers, tous les fossés du pays tout entier, tous ses soldats comme un père ses enfants. Choisissant dix hommes, les meilleurs marcheurs de l'armée, il va lui-même avec eux en reconnaissance vers le lieu par où il sait qu'arrive l'ennemi. La nuit est splendide. Les étoiles innombrables qui scintillent au Ciel favorisent son entreprise hardie, mais indispensable, en cachant les individus, tout en éclairant les masses. Il découvre bientôt l'armée républicaine massée comme un troupeau, profondément endormie. Pas une sentinelle qui veille, pas un chien qui la prévienne par ses aboiements instinctifs. Il garde auprès de lui un militaire pour empêcher les hennissements de son cheval, s'arrête à quelques centaines de mètres du camp qu'il explore, et il envoie ses neuf hommes en flairer les alentours. Quand il a tout vu, il rejoint son armée. Maintenant, il sait ce qu'il doit faire et pour lui, déjà la bataille est gagnée.

L'armée qu'il commande s'appelle : *L'armée royale ou des blancs*, à cause que ses soldats pour se reconnaître portent un mouchoir blanc roulé autour de leur bras gauche.

Elle se compose de deux milles fantassins, cinquante cavaliers et deux couleyrines.

L'armée ennemie est forte de cinq mille hommes. Elle se nomme : *L'armée des rouges, des sans-culotte, des patriotes, l'armée républicaine.* Elle est descendue de la montagne. Elle est campée sur le territoire de Carbonne, *dans la plaine de la Tuilerie.*

Le général choisit lui-même deux cents hommes sur lesquels il peut compter ; son beau-frère est parmi eux. Celui-ci n'est pas un lettré, mais c'est un lion : cela vaut mieux ; puisqu'il faut se battre et non écrire. Il ordonne à ces héros de remonter la grand'route jusqu'au château de Saint-Elix ; de faire une longue halte dans son parc pour y déjeuner confortablement, d'y inspecter leurs munitions, visiter leurs baïonnettes, charger leurs fusils et bien arranger surtout la pierre dans le chien, afin que pas un seul ne rate. Il leur prescrit enfin de se trouver, à onze heures du matin, *au pont d'Ercus*, situé derrière le parc du château de la Terrasse, appartenant à la famille des marquis d'Hautpoul. Là, après avoir visé parfaitement chacun leur homme, ils feront une seule décharge et fondront sur les ennemis la baïonnette dans les reins.

Après avoir donné ces ordres préliminaires, il descend de cheval pour dire un mot bienveillant et militaire à chacun de ses soldats. Il peut maintenant sans crainte marcher droit à l'ennemi.

Arrivé à mille mètres de distance, il dispose ainsi ses troupes : les dix-huit cents fantassins sont rangés en colonne de bataille sur deux lignes, le front tourné vers le *pont d'Ercus*, où il veut acculer les troupes ennemies; une couleuvrine est placée à chaque extrémité de la colonne; vingt-cinq cavaliers sont postés derrière chacune de ces deux pièces d'artillerie, pour les garder et empêcher que les rouges ne débordent les lignes en les tournant par les deux bouts.

Il est trois heures du matin, 21 thermidor an VII, ou 8 août 1799. L'aube commence à poindre; la journée s'annonce superbe et chaude.

De la Tour de Noé n'est pas un général amateur et platonique qui, debout sur une colline, contemple avec sa lunette d'approche les tableaux émouvants de ce drame tragique qu'on nomme une bataille. Général de fait et de nom, il se trouve au sein de la bataille, commandant de sa voix et frappant de son sabre. Ce système seul lui paraît bon, parce qu'il est la ligne droite, et par suite le chemin le plus court entre deux points qui s'appellent : l'un, la victoire ; l'autre, la mort.

A trois heures du matin, de la Tour, d'une voix martiale que redisent les échos du voisinage et qu'entend l'ennemi, car tout dort encore dans la nature, oui, de la Tour crie : *Vive le roi !* Ses soldats répètent : *Vive le roi !* avec un enthousiasme qui fait peur aux patriotes ; et les couleuvrines répondent aussi : *Vive le roi !* en adressant chacune un boulet aux sans-culotte. Ces projectiles en passant dans leurs rangs serrés, en tuant quelques hommes, vont publier fièrement que la bataille a commencé.

Tel fut le plan d'attaque de mon grand-père : Turenne l'eut signé.

Il faut, en effet, qu'il supplée à l'infériorité du nombre par la supériorité de la tactique et la valeur de ses soldats; car les *rouges* sont deux et demi contre un des *blancs*. Des deux côtés on se bat avec une rage que seuls comprennent, que seuls éprouvent les hommes qui combattent pour un parti.

L'armée royale, rangs serrés, avance lentement, mais elle avance ; l'armée républicaine recule, toujours compacte, sans doute, mais elle perd du terrain. Déjà, vers onze heures, mon grand-père, qui suit tous les incidents de la bataille, calme comme un rocher, s'aperçoit d'un regard, non pas d'aigle, qui ne sait que regarder fixement le soleil, dont de la Tour n'a que faire ; mais plutôt d'un regard de général consommé qui voit bien ce qui se passe sur le champ de bataille ; oui, le général comprend que l'armée républicaine perd de sa solidité primitive. Il s'aperçoit que de sa part il n'a plus à craindre ni un retour offensif, ni un mouvement tournant. Alors, il ordonne à sa petite cavalerie de charger les *patriotes* à fond de train. Elle n'est composée que de cinquante hommes, mais c'est la fine fleur de l'aristocratie de la contrée. Les cavaliers montent des chevaux superbes qu'ils ont dételés de leurs carosses : ils valent cinquante chevaliers du moyen âge. Ce petit corps de cavalerie était commandé par M. de Guilhem, de Latrape. Il était l'ami intime et le parent de mon grand-père, et aussi la perle des Gentilshommes de la contrée. Agé de trente-cinq ans, il avait quitté son splendide château de Pis et son adorable famille, qu'il ne devait plus revoir ; car il fut tué à Saint-Martory, dans ce même combat d'avant-garde, où le général républicain Latour fut si grièvement blessé par le comte de Fauls. Ces cinquante terribles cavaliers sabrent avec une épouvantable fureur ces rouges qu'ils détestent et qui certes le leur rendent bien. Ils piétinent avec leurs chevaux, lourds comme des éléphants, les sans-culotte qu'ils ont abattus d'un coup de sabre. C'est alors que les républicains, culbutés partout, mais toujours en ordre, cherchent à s'abriter derrière les vignes et le bosquet situés au midi du parc du château de la Terrasse. Déjà ils sont arrivés à reculons au *Pont-d'Ercus*, pont moins historique que celui d'Arcole, et qui pourtant mériterait de le devenir plus que lui. Ils sont acculés à la Garonne, dans les eaux de laquelle le général des blancs veut les noyer ; car ici, ni on ne se rend, ni on ne fuit :

on tue, ou l'on est tué. Quand à onze heures, *heure militaire*, par le chemin de Salles, arrivent au *Pont-d'Ercus* les deux cents hommes de Saint-Elix, accomplissant leur manœuvre tournante. A partir de ce funeste moment, ce n'est plus qu'un atroce carnage. La Nause et les fossés d'*Ercus* sont remplis du sang et des cadavres des républicains jusqu'au niveau des champs. Plusieurs se jettent alors dans la Garonne, la traversent à la nage et se sauvent dans le terrefort. Cependant, pas un des fuyards n'aurait survécu, si mon grand-père, toujours rempli d'humanité, n'eut interdit à ses cavaliers la poursuite de ces malheureux nageurs qu'il connaissait presque tous.

Tel est le fameux *combat de la Terrasse*, lequel seul, par la valeur des soldats et la capacité du général, a plus de valeur militaire que toutes les batailles ensemble que les Frédéric, les Fritz, les Moltke et les autres, viennent de livrer aux soldats de la France, trop peu nombreux, ou à des Français dégénérés, habillés en soldats, qui fuyaient devant l'ennemi à 30 kilomètres de distance.

A deux heures du soir, le général de la Tour de Noé victorieux parait sur la place de l'hôtel de ville de Carbonne. Il porte le tricorne et l'habit noir; culottes courtes en peau de daim, bottes à retroussis, éperons d'argent, écharpe de soie blanche à franges d'argent. La poudre de ses cheveux, frisés à marteaux, et la poussière liées par les gouttes de sueur qui ruissellent de son front, forment comme de petits cataplasmes dont sa figure est marquetée. Il est rouge de sang, depuis la pointe de son sabre de cuirassier jusqu'aux molettes de ses éperons et à l'extrémité des crins de la longue queue de son beau cheval noir. Il frappe avec la pointe de son sabre à la porte du citoyen *Poulet*, cordonnier, et lui crie : « Porte-moi du son pour mon cheval, au nom du roi. » L'artisan sort, portant une chaise et du son dans une auge de bois. Alors mon grand-père accroche la bride du cheval au dossier de cette chaise, qu'il refuse pour lui, afin d'y placer le baquet que le Carbonnais tient d'une main, tandis que de l'autre il prend la crinière de la pauvre bête qui tombait de fatigue ; car depuis seize heures, elle galopait à travers les guérets, les chaumes et les vignes. Pendant ce temps, mon grand-père avalait un morceau de pain et buvait un coup militairement chez son ami M. de Laveran. Il fait manger ensuite lui-même une ravaille trempée dans un saladier rempli de vin à sa chère monture ; donne un écu de trois francs au citoyen cordonnier, et rejoint son armée, qui déjeunait, assise à l'ombre des grands arbres du parc du château d'Hautpoul de la Terrasse. Dès qu'elle aperçoit son général, elle se lève et le salue par un cri frénétique de : *Vive le roi!* que Carbonne entendit.

J'avais écrit l'histoire du *combat de la Terrasse* à l'aide de mes notes et de mes souvenirs. Pour être sûr que j'avais composé une histoire, et non pas un roman, deux fois je je la soumis à M. Pradinet, vieillard vénérable de 86 ans, qui se trouvait âgé à cette époque d'une quinzaine d'années, et qui fut témoin des faits que je raconte. Il s'en souvenait comme s'ils s'étaient passés hier. Il affirma que mes dires, collationnés avec ses souvenirs, se trouvaient parfaitement conformes. Ce digne témoin oculaire habitait son hôtel, rue du Rempart-Saint-Etienne, n° 53 ; il donnait audience tous les jours, à toute heure et à tous. Je fis prendre encore des renseignements auprès de Bertrand Rigal de Salles, vrai patriarche de 92 ans, lequel avait combattu sous mon grand-père, et dont la maison était bâtie à côté du pont *d'Ercus.* Il était le dernier survivant des héros de la Terrasse; il est mort en 1873.

Le lendemain du grand combat de la Terrasse, oui le lendemain de cette formidable affaire, à laquelle tout le pays prit part, mon grand-père reçut l'ordre par estafette, des comtes de Rougé et de Paulo, autres chefs de l'insurrection royale de l'an VII, de rejoindre, avec toute son armée victorieuse, celle qu'ils commandaient à Montréjeau, arrondissement de Saint-Gaudens.

Le général des blancs, avant de partir pour la montagne

fit jeter dans la Nause et les fossés *d'Ercus* et recouvrir de terre les cadavres de ceux qui avaient péri dans la bataille. C'est ainsi que furent ensevelis hâtivement et militairement quatre mille cinq cents républicains et quatre cents royalistes.

Mon grand-père, en se rendant à Montréjeau, remplaça en route les cinq cents insurgés tués ou bléssés qu'il avait perdus à la Terrasse.

Après la bataille de Montréjeau, mon aïeul fut forcé de s'exiler en Espagne. Rentré dans sa patrie à la suite d'une amnistie générale, il remplit diverses fonctions administratives.

En 1800, tout était à créer en France en fait d'administrations publiques. Les Manuels pour les justices de paix, les mairies et les contributions directes et indirectes, ne sont que la reproduction textuelle des formules qu'inventait le *génie* administratif de mon grand-père, à mesure que les besoins des services divers en exigeaient la création spontanée.

En 1804, lors de la création de l'administration des contributions indirectes, un décret impérial le chargea de faire l'inventaire des caves de la Haute-Garonne. Il remplit cette mission difficile et délicate avec tant de distinction, que le Gouvernement lui demanda ce qu'il voulait pour récompense. L'empereur tenait déjà la plume pour signer le décret de sa promotion à la haute dignité de directeur des contributions indirectes à Toulouse ; il fut obligé de s'en servir pour en signer un autre. Pour accepter un tel emploi, il fallait accomplir un effort dont était incapable la modestie de cet homme illustre. Il sollicita la création à Noé d'un bureau de 702 fr. : tant valait un simple merci.

M. de Basire me disait un jour dans son cabinet de directeur : « J'occupe une place que votre grand-père n'a pas voulue. M. de Renard, encore un autre directeur, m'adressait un soir dans son salon ces belles paroles : « Votre grand-père a laissé un nom immortel dans notre administration. »

Naguère, il existait à Muret une ancienne famille finan-

çière au sein de laquelle la recette particulière semblait
héréditaire. L'habileté et l'intégrité avec lesquelles tous ses
membres ont toujours manié les fonds publics ont valu à
ces percepteurs perpétuels un honneur peut-être unique dans
la France tout entière. Or, c'est mon grand-père qui enseigna jadis au chef de cette honnête race l'endroit solide où
il fallait planter le crochet auquel fut suspendue la longue
chaîne de fonctionnaires dont chaque rejeton jusqu'ici avait
formé un anneau. C'est lui qui guida le fondateur de cette
antique dynastie de receveurs particuliers dans ce royaume
aurifère de la Californie indigène, dont la couronne est
une caisse toujours pleine, et qu'ont toujours sauvée ces
princes de la finance de ma province natale, au milieu de
toutes les révolutions qui ont bouleversé le sol de ma patrie. Le premier titulaire de cette fonction traditionnellement toujours si bien remplie, était receveur des finances
du district de Rieux, quand mon grand-père, depuis Noé,
le mit sur le chemin de la fortune et de l'honneur, dans
lequel, à son exemple, tous ses descendants, depuis bientôt
un siècle, ont toujours marché droit.

De la Tour de Noé, *le vainqueur de la Terrasse*, fut pendant sa longue et paisible existence le conseil gratuit et
éclairé des pauvres du pays qui l'aimaient, et des riches
qui l'estimaient. Que de fois dans son modeste salon, tout
juste plâtré, n'ai-je pas vu le brillant marquis coudoyer un
manant !

Et moi qui l'ai fréquenté jusqu'à dix-huit ans, c'est-à-dire,
jusqu'à l'âge où l'on commence à se connaître en hommes,
je déclare que mon grand-père était le type vrai de cette
noble créature faite *à l'image de son Créateur* lui-même. Et
pourtant cet être à l'organisation si complète et si merveilleuse eut trois passions : Celles de la modestie, des œillets
et des observations météorologiques.

Passion de la modestie. C'est bien lui qui démontrait la
vérité du proverbe qui proclame que la valeur est toujours

modeste. L'excès de cette vertu l'empêcha d'arriver à rien ,
lui qui méritait de parvenir à tout.

Passion des œillets. Il cultiva toujours un peu cette fleur
charmante. Il avait réuni une collection de 70 variétés de
cette belle plante à fleurs caryophyllées dans ses vastes serres : quand serres il avait !

Passion des observations météorologiques. Pendant soixante-
cinq ans il consigna le soir ses études du jour sur son ca-
hier mensuel. Les remarques de cette haute intelligence
auraient fait faire à l'astronomie un pas immense dans la
voie encore inexplorée de la prévision des temps , si des
Vandales, qui plus tard envahirent sa maison, n'avaient
fait servir ces feuilles si précieuses à envelopper des pillules
et des fioles.

Mon illustre aïeul avait aussi composé ce que la Provence
appelait le *Livre de raison* : *Liber rationum*; que tous les
textes du XVᵉ siècle nomment le *Livre de la maison* : *Liber
domûs meæ.* Ces Livres étaient la chronique du foyer , le
mémorial de la famille, les annales domestiques, le journal
intime. Celui de mon grand-père était d'une écriture nette et
ferme et d'un style d'une pureté merveilleuse. Ces mémoires
laconiques consacrés à mes aïeux, aux faits importants de
la localité et de la province, auxquels mes ancêtres s'étaient
trouvés mêlés, sont la source précieuse où j'ai puisé mes
renseignements les plus sûrs.

Mon grand-père eut aussi trois antipathies. Elles avaient
pour objectif la médisance, la casquette et la pipe.

Antipathie pour la médisance. Un seul mot de dénigrement entendu par lui faisait éprouver à cet homme calme
comme une bonne conscience une commotion pareille à
celle que produit le choc d'une étincelle électrique. Enfant,
je riais de ce brusque mouvement ; plus tard , j'en admirai
la charitable grandeur.

Pour la casquette. Jamais sa famille ne put obtenir qu'il

portât cette coiffure *du griset* : il aurait préféré peut-être adopter le bonnet phrygien ! Quand il posa le tricorne, il adopta le chapeau noir. Il était souvent rapé et grisonnant de viellesse : mais du moins, il avait la consolation de se souvenir qu'il avait été neuf et *noir* jadis !

Pour la pipe. Avec toute son intelligence il ne put jamais comprendre qu'un homme sérieux eut le triste courage d'employer son argent à réduire en fumée son tabac et son temps.

Cet homme *de génie,* que rien n'embarrassait, mourut pauvre en 1836 de la maladie de la pierre. Il endura pendant trois mois des souffrances atroces, avec une patience vraiment digne d'un bon chrétien, qui pendant soixante-quinze ans, était toujours resté fidèle à son Dieu et à son roi.

Et moi, son unique héritier, son seul petit et bien petit-fils, je n'ai recueilli dans sa modeste succession que les objets dont voici l'inventaire :

Son épée, sur laquelle est gravée la devise de mes ancêtres : SI FORTUNE ME TOURMENTE, ESPÉRANCE ME CONSOLE ;

Une médaille de bronze, mais superbe, du cardinal Fleury, dont il admirait la calme politique ;

Son coco de chasse à cercle d'argent ;

Sa boîte à poudre de cheveux ;

Son sac à peignes en peau de daim.

Un commissaire-priseur estimerait ces objets cinquante francs. Je jure pourtant que je ne les donnerais pas pour leur poids en diamant ; et ceux qui me connaissent savent bien, qu'au besoin, je tiendrais mon serment.

Il m'a semblé que la vie de mon grand-père si grand et tant aimé, devait clore la liste des biographies des membres *illustres* de ma noble famille. Les convenances me permettent bien de dire un mot de mon cher père, un demi-mot sur mon compte : elles me défendent néanmoins d'écrire ces deux histoires.

CHAPITRE XVIII.

Un conseil de guerre et récit authentique et vrai de la bataille de Montréjeau.

La grande bataille de Montréjeau se donna le 3 fructidor an VII.

Le soir du 2 fructidor, la veille du dernier combat de l'insurrection de l'an VII, à dix heures de la nuit, un conseil de guerre se tint en secret chez M. de Camon, maire de cette ville, dont les sympathies étaient acquises à la cause royaliste.

Ce conseil se composait du comte de Paulo, du comte de Fauls, de mon grand-père et du comte de Rougé, maréchal-des-camps des armées du roi, commandant en chef l'insurrection royale de l'an VII.

Le comte de Paulo opina le premier. Ce jeune seigneur était un homme aimable, un causeur ravissant; mais la nature lui avait refusé le génie militaire. D'une voix charmante, il s'exprime ainsi : « Messieurs, dans le combat que nous devons livrer demain matin, il faut ranger nos troupes en bataille au bas de la côte. Dans la plaine de Montréjeau, sur un sol uni et découvert, nos vaillants soldats pourront se déployer sans obstacles. Les *rouges*, comptant sur la supériorité de leur nombre, descendront des hauteurs qu'ils occupent, pensant nous entourer; pas un n'échappera à la pointe de nos baïonnettes. Quant à leur belle cavalerie, nos bataillons carrés en auront bientôt raison. La Garonne d'ailleurs protégera notre droite ; on dirait qu'elle passe par là tout exprès pour la plus grande gloire de nos armes. » Alors, se levant, avec une solennité que grandit sa bonne grâce, il s'écrie : « *En mon âme et conscience, Messieurs, mon avis est qu'il faut combattre dans la plaine de Montréjeau.* »

Le comte de Fauls parla le deuxième. Ce gentilhomme est d'une bravoure excessive ; c'est le plus parfait écuyer de France : il semble que son cheval et lui ne font qu'un seul et même individu. Mais, en fait de capacités militaires, il est grandement inférieur à Turenne. Il formula son avis en ces termes : « Messieurs, j'adopte pleinement l'opinion du préopinant, mon excellent ami le comte de Paulo. Il a d'ailleurs si fortement et si éloquemment motivé sa manière de voir, qu'il me paraît impossible de ne pas la partager entièrement. » Et se levant, d'une voix mâle et convaincue, il dit : « *En mon âme et conscience, Messieurs, mon avis est qu'il faut combattre dans la plaine de Montréjeau.* »

Mon grand-père parla ensuite avec sa modestie ordinaire et un ton calme comme la raison et la force. Il opina en ces termes : « Messieurs, j'ai le regret d'avoir à combattre le plan de bataille des deux honorables préopinants, et la témérité d'en proposer un contraire. Les *rouges* ne quitteront pas les hauteurs qu'ils occupent ; de ces positions formidables, ils foudroieront nos colonnes : ils accompliront leur œuvre de destruction avec d'autant plus de sécurité, que leurs batteries se trouveront hors de la portée de nos faibles canons. La Garonne n'empêchera nullement de passer leurs boulets et leur mitraille. Les eaux du fleuve sont très-basses, le lit peu large, les rives nullement escarpées et presqu'au niveau des eaux elles-mêmes. Les chasseurs à cheval de Barbot passeront aisément à gué une telle rivière. Combinant leur opération avec les hussards de Berthier, la cavalerie ennemie tout entière tournera notre armée, la sabrera par derrière, sans que la nôtre, si peu nombreuse, puisse opposer la moindre résistance. Il nous faut donc occuper les hauteurs qui entourent Montréjeau ; l'excellence de notre position équilibrera l'infériorité du nombre et la mauvaise qualité de notre artillerie. En nous rapprochant de la ville, en cas d'échec, nous aurons la ressource suprême du combat des rues : là je réponds de la solidité de nos soldats, garantis qu'ils seront des projectiles des batteries et des charges meurtrières d'une cavalerie très-nombreuse. »

Quand il a ainsi motivé son opinion, il se lève ; lançant sur ses collègues un regard qui brille comme un éclair, d'un accent viril, il profère gravement cette formule sacramentelle :

« En mon âme et conscience, Messieurs, mon avis est qu'il faut combattre sur les hauteurs qui entourent Montréjeau, positions stratégiques dont il faut s'emparer immédiatement. »

Le comte de Rougé parla le dernier. Ce commandant en chef est Américain. Jeune, il a lu les *Incas* de Marmontel ; il lui semble que les *blancs* qu'il commande sont invincibles ; qu'il est lui-même Fernand Cortès ou François Pizarre. Il manifeste ainsi ses idées avec une accentuation lente, mais énergique : « J'ai la douleur, Messieurs, d'être obligé de rejeter l'opinion de notre brave collègue le général de la Tour de Noé ; elle est injurieuse par sa prudence à la vaillance de notre armée, dont il vient lui-même de donner une preuve si éclatante au brillant combat de la Terrasse ; et j'adopte le plan militaire des premiers préopinants, mes deux nobles amis les comtes de Paulo et de Fauls. » Se levant alors majestueusement, il répète avec un flegme américain :

« En mon âme et conscience, Messieurs, mon avis est aussi qu'il faut combattre dans la plaine de Montréjeau. »

En présence du danger de la situation, mon grand-père se lève, et surmontant sa timidité naturelle, il proteste, et déclare *que tout est perdu* si l'on suit un pareil plan de bataille.

Rougé lui ôte la parole et lui ferme la bouche en lui disant : « Il ne suffit pas de savoir commander ; il faut aussi savoir obéir. »

Et cet homme modeste se tut !

Le commandant en chef communique ensuite au conseil ses dernières instructions.

Il déclare qu'en sa qualité de commandant en chef, il garde la haute direction des opérations de la bataille. Il distribue ensuite les divers commandements.

La cavalerie, forte seulement de cent hommes, sous les ordres du vaillant comte de Villeneuve, de Cazères, lequel fut seigneur de Mauzac après le baron Cavailher de Pomarède, devait se tenir dans la plaine, derrière l'infanterie, prête à toute éventualité.

Le comte de Paulo, avec quinze cents hommes et deux pièces d'artillerie, commandera l'aile droite opposée au général Barbot.

Le comte de Fauls à la tête de quinze cents fantassins et de trois pièces de canon, dirigera l'aile gauche. Il tiendra en échec le général Berthier.

Le général de la Tour de Noé, mon grand-père avec ses deux mille hommes, ses deux couleuvrines et ses soldats animés encore par le souvenir de leur récente victoire, est investi du commandement du centre de la ligne de bataille. Le comte Rougé lui recommande formellement de culbuter Pégot, pour venger son insuccès au conseil. Il lui répond modestement : « Mon général, avec l'aide de Dieu, j'espère exécuter fidèlement vos ordres. » Après ces derniers mots, le Président du conseil, lève la séance. Les quatre généraux s'embrassent cordialement et sortent de la chambre du conseil en criant : Vive le roi ! vive sa majesté Louis XVIII !

Les quatre *blancs* conspirateurs, avant de se séparer, vont serrer la main à leur hôte bien-aimé, M. de Camon, qui s'était couché. Cet homme aimable en acceptant le congé des quatre augustes royalistes, leur dit d'une voix pleine d'émotion et la larme à l'œil : « Mes amis, puisse le Dieu des batailles, qui aime la blancheur du lis, protéger aujourd'hui cette fleur qui nous est chère ! »

L'armée républicaine était sous les ordres suprêmes de

l'adjudant-général Vicose. Le premier corps qui formait l'aile droite était commandé par le général Berthier. Il avait avec lui deux mille hommes d'infanterie, un régiment de hussards de la mort à cheval et une batterie d'artillerie. Il se tenait embusqué derrière le pont de Labroquère. Il fut plus tard, l'illustre major-général et prince de Wagram.

Le général Barbot comptait sous ses ordres deux mille hommes d'infanterie, un régiment de chasseurs à cheval et une batterie d'artillerie. Il occupait les hauteurs de Montréjeau, sur la route de Lannemezan. Ce deuxième corps formait l'aile gauche républicaine.

Le troisiéme corps se tenait sur le plateau, derrière Montréjeau. C'était le centre des troupes ennemies. Il se composait d'une division entière avec ses quatre régiments, dont l'effectif se trouvait incomplet sans doute, mais elle était soutenue par une batterie d'excellente artillerie. Ce troisième corps était dirigé par le général Latour. Cet officier général ayant été blessé grièvement de la propre main du brave comte de Fauls, dans un engagement d'avant-garde à Saint-Martory, à la descente de l'église, dût céder son commandement à un chef de bataillon distingué, Pégot, de Saint-Gaudens, qui devint bientôt lui-même général.

Le commandant Pégot fut le héros de la fameuse affaire de Montréjeau.

En 1843, quand je fus nommé vicaire à Saint-Gaudens, je m'empressai de me présenter chez l'aimable général. Il s'attacha bientôt à moi. Alors, il me disait souvent : « Mon cher Abbé, j'ai tort de vous aimer; vous êtes le petit-fils d'un grand-père qui était un vrai démon sur le champ de bataille. Si au combat de Montréjeau il eut été secondé par ses collègues, l'armée républicaine était anéantie, et au moment où je vous parle, je n'aurais pas le bonheur de serrer la main de mon ami, le petit-fils de mon terrible ennemi. »

Il est certain, en effet, que si l'on eut suivi les conseils de de mon grand-père, la bataille de Montréjeau était gagnée par l'armée royale. Mais, une fois l'armée régulière anéantie, il ne restait plus à la république quatre hommes et un caporal à mettre en ligne contre l'insurrection royale triomphante. L'Etat venait de faire son suprême et dernier effort. Après la déroute des troupes républicaines, le Midi de la France tout entier se serait soulevé en faveur de Louis XVIII. Or, qui aurait pu calculer alors les suites d'un pareil événement? Le sort du pays se trouvait complètement changé.

Grand Dieu! à quoi tiennent les destinées des nations, et la fortune des empires!!!.....

On se battit depuis cinq heures du matin jusqu'à sept du soir, c'est-à-dire, pendant quatorze heures, avec un acharnement épouvantable.

Deux mille *blancs* furent tués les armes à la main. Deux mille furent relevés grièvement blessés sur le champ de bataille et faits prisonniers. Cinq cents se noyèrent dans la Garonne qu'ils voulaient traverser à la nage; mais ils ne purent y réussir tant ils étaient fatigués, et parce qu'ils furent sabrés par les hussards de la mort jusques dans les eaux du fleuve rougies par leur sang. Cinq cents se sauvèrent à Luchon par les côtes de Labroquère. Quatre mille *rouges* furent couchés morts sur le champ du carnage, presque tous percés par la baïonnette ennemie des *blancs* si intrépides.

Mon grand-père se battit toute la journée comme un lion furieux. Pendant quelques heures, avec son corps d'armée, il broya le troisième corps des troupes républicaines, commandé par Pégot, à la métairie de *Caussoles*, que j'ai trois fois visitée, afin d'être parfaitement renseigné sur la position des deux armées. Pour venger ses soldats que foudroya la mitraille du deuxième-corps commandé par le général Barbot accouru vers quatre heures du soir au secours du troisième affolé de terreur, il massacra dans les rues de Montréjeau une multitude de *rouges*, et pourtant, je ne sais par quel miracle, ni lui ni son cheval ne reçurent la moindre égratignure.

Le soir, à huit heures, voyant l'armée royale complètement anéantie, il s'approcha de la rive droite du fleuve et se jeta à cheval dans la Garonne; sabra tous les hussards de la mort qui eurent la témérité de l'y poursuivre et passa en Espagne. Et lui, qui avait traversé la frontière cousu d'or, magnifiquement monté, costumé en gentilhomme, un an après revint en France et rentra à Noé affublé de haillons sordides, chaussé de mauvaises savates, sans un denier, couvert de *poux*.

Le général, commandant le centre de l'armée royale à la *bataille de Montréjeau*, Gabriel de la Tour de Noé, fut suivi dans sa fuite en Espagne par deux brillants et braves officiers de la cavalerie royale : les deux frères Charles et Guillaume Sévène, de Muret. Eux aussi massacrèrent à coups de sabre les cavaliers républicains qui les poursuivaient. Comme mon grand-père, ils furent condamnés à mort par contumace et pendus en effigie, mais sans préjudice de leur vie, qu'ils conservèrent parfaitement; car, ils ne rentrèrent en France que lorsqu'ils furent certains que la guillotine avait cessé de fonctionner sur les places publiques.

Les deux MM. Sévène étaient à cette époque reculée, les officiers, les amis et les compagnons d'exil de mon grand-père, leur général bien-aimé. Des membres de cette honorable famille, plus tard, s'allièrent à la mienne.

Tel est le rapport, non pas officiel et mensonger, mais officieux et *vrai* de la fameuse bataille de Montréjeau, du 3 fructidor an VII, ou du 20 août 1799. Oui, mon récit est *vrai* : j'étais même le seul historien capable d'en fournir un pareil. En effet j'ai vécu dix-huit ans avec mon grand-père, qui était l'un des quatre généraux de l'armée royale; quatre avec le général Pégot, qui commandait le centre des troupes ennemies; trente avec cinquante des militaires, qui avaient pris part à la terrible action. Pradinet et Rigal, derniers survivants de cette grande époque, viennent de descendre dans la tombe. Or, j'ai connu pendant plus de quarante années ces deux principaux témoins du fait que je raconte.

Nul du moins n'était apte comme moi à écrire l'histoire

que je narre. Naguère, en effet, je possédais à Noé, une tante née en 1780 : elle avait donc déjà dix ans à la mort de mon bisaïeul, 14, quand elle *vit* arrêter le Martyr, et 19, lorsque se livrèrent les grandes batailles de la Terrasse et de Montréjeau. Ses souvenirs formaient les annales vivantes du pays pour un siècle presque tout entier. Morte seulement le 27 novembre 1874, il semble que la divine Providence ne l'a conservée si longtemps sur la terre qu'à ma seule intention; car j'étais parvenu au terme de mon long voyage, quand s'est fermé pour l'éternité ce livre si ancien. Et maintenant que Dieu paie au centuple dans l'autre monde à ce guide si sûr, à cet autre Raphaël, les services immenses qu'il m'a rendus dans celui-ci !

Le récit fantaisiste de ce haut fait d'armes se trouve au Moniteur universel, tridi, 13 fructidor, page 1393, n° 343, tome an VII.

Le citoyen Perés, de la Haute-Garonne, donna lecture, à la séance du Conseil des Anciens, du 8 fructidor, du rapport de l'adjudant-général Vicose, commandant les forces républicaines dans le ci-devant district de Saint-Gaudens.

Ce rapport n'est pas exact ; c'est un vrai mensonge officiel. Sa lecture fut accueillie avec des applaudissements frénétiques; la victoire de Montréjeau avait pour la république une importance suprême : c'est elle qui venait de la sauver.

Or, l'armée royale comptait cinq mille hommes d'infanterie seulement, une centaine de cavaliers, cinq pièces d'artillerie et les deux couleuvrines de mon grand-père.

L'armée républicaine, au contraire, avait huit mille hommes d'infanterie, un régiment de chasseurs et un de hussards de la mort à cheval, trois batteries d'excellente artillerie: en tout dix-huit canons.

Le citoyen Vicose a oublié ces menus détails. Ah ! quand on est général républicain, il paraît qu'on ne pense pas à tout. Du reste, les chefs de l'insurrection blanche avaient pris des dispositions atroces, qui devaient fatalement aboutir à l'anéantissement complet de la dernière armée de Louis XVIII.

Ainsi donc finit l'insurrection royale de l'an VII, pendant laquelle ressuscitèrent dans le midi de la France les temps héroïques de la Grèce antique. Tant qu'elle dura, on livra dans nos contrées, alors vaillantes, des combats d'Hercules, où les Géants *blancs* et *rouges* du pays parlaient peu, mais se battaient à mort.

Le grand Alexandre avait raison de regretter de n'avoir pas un Homère pour chanter ses exploits ; c'est le plus grand des poëtes qui a immortalisé Achille. Que seraient aujourd'hui Charette, Cathelineau, Larochejaquelein, Stofflet, Lescure, Bonchamp et tant d'autres héros vendéens sans l'histoire qui nous a transmis leurs hauts faits ? Or, la république a menti sur *Montréjeau*, elle a gardé un criminel silence sur *la Terrasse*, où elle fut battue. Ah ! puissent mes quelques pages réparatrices rappeler à quelque grand historien que *Montréjeau et la Terrasse* manquent à notre histoire nationale.

Ici, la première plume de France ne sera pas supérieure à sa tâche ; à la *Terrasse* et à *Montréjeau* la République et la Monarchie jouaient leur va tout. Si au conseil de guerre, l'avis de mon *illustre* grand-père avait prévalu, la République perdait la dernière partie qu'aurait gagnée la Monarchie légitime. Il me semble qu'une si grande histoire exigerait un grand historien.

M. de Rémusat, qui est l'enfant le plus distingué du pays, aurait dû entreprendre un travail digne de la plume d'un académicien célèbre, et du premier citoyen de la Haute-Garonne. Le midi s'obstine à compter sur lui. Ici, d'ailleurs, notre ancien ministre des affaires étrangères réunira les suffrages de tous ses compatriotes ; les *Barodets* sont inconnus dans la république *platonique* des lettres!!!!!

CHAPITRE XIX.

Immense fortune de la famille de la Tour de Noé.

Mon Trisaïeul reconnaissait les avantages sociaux des grandes fortunes et des familles opulentes. Aussi, voulait-il la liberté des testaments mitigée néanmoins par la modération de l'usage. Il mit lui-même ce système en pratique en accordant des avantages considérables à l'aîné dans la répartion de ses biens, sans pourtant dépouiller tous ses autres enfants. Trois de ses fils reçurent un patrimoine égal, et ses sept filles une dot semblable. Or, j'ai ici un moyen d'évaluation d'une exactitude complète. L'Abbesse de Boulaur obtint cent mille francs : ce qui indique une somme totale de sept cent mille francs pour les sept; le martyr eut pour sa part une valeur de deux cent mille francs : pour les trois frères c'est donc un chiffre de six cent mille francs.

Voici maintenant la grosse part de l'aîné, qu'il m'est encore facile d'estimer très-rigoureusement. Mon bisaïeul, entra plus avant encore que son père dans la voie d'une division plus égale de toute sa fortune entre ses quatorze enfants.

Il donna à l'aîné le vignoble de Bordeneuve qui est estimé aujourd'hui quatre cent cinquante mille francs. Le plus ancien de la famille prit à cette occasion le nom de la Tour de Bordeneuve. Il attribua à chacun des autres treize un lot qui valait cent vingt mille francs, puisque le Gaillard du Port la treizième partie du tout, fut compté à ce prix. C'est donc en immeubles ou en capitaux une fortune effective de trois millions trois cent dix mille francs. On ne doit pas oublier que mon bisaïeul fut accusé officiellement en 1730 d'avoir usurpé *quatre hectares* de chemins communaux. Mais, il ne pouvait s'emparer que de ceux auxquels confrontaient ses propriétés. Or, les chemins communaux sont toujours fort étroits : donc pour en voler quatre hectares dans de pareilles conditions, il faut posséder le territoire d'une commune presque tout entière. C'était le cas de mes ancêtres, depuis qu'ils furent Comtes et Seigneurs de Noé, jusqu'à la révolution de 1789.

Cet infernal ouragan emporta comme un brin de paille légère cette colossale fortune. Tous mes derniers ancêtres, en effet, sont morts pauvres. Comme autant d'Aristides, ils n'ont même pas laissé de quoi couvrir les dépenses de leurs modestes funérailles. J'étais jeune encore et riche quand je payai en 1842 les frais de celles de trois d'entr'eux. J'aurais pu certes invoquer le bénéfice d'une antique prescription. Mais, je ne l'entendais pas ainsi ; pour moi, une dette ne s'éteint pas en vieillissant : on la doit toujours jusqu'à ce qu'elle est acquittée. Or, leur pauvreté, au lieu de m'affliger me console ; car la fortune rapproche des créatures et éloigne de Dieu. Le Seigneur qui est souverainement juste et infiniment bon a donc dépouillé des hommes religieux et probes des trésors périssables de l'exil pour les enrichir certainement des biens inaliénables de la céleste patrie ! Ici, je ne veux ni méconnaître l'influence de la volonté de Dieu sur les événements de ce monde, volonté que d'ailleurs on ne fait pas toujours ; ni atténuer aucunement la malignité de la chance : seulement, je tiens à fournir la raison, à mon point de vue, vraiment intrinsèque, de ce fait anormal. Mes ancêtres étaient tous de très-grands Seigneurs, habitués à tout le confortable de la vie. Jamais ils ne purent se résigner à diminuer après la division de leur fortune les dépenses qu'ils faisaient quand elle était réunie. Ils comprenaient bien moins encore qu'on voulut les assujettir à

devenir les serviteurs très-humbles de leur antique fortune ;
ils soutenaient au contraire, que c'était la fortune qui devait être leur esclave. A ce titre, ils prétendaient avoir sur
elle droit de vie et de mort entièrement absolu. Or trop souvent ils abusèrent de cette dernière puissance. Je constate le
fait sans oser le blâmer, puisque j'ai fait comme eux.

Cette dot si considérable, que les demoiselles de la Tour
reçurent de leur père, démontre que la propriété du prieuré
de Longages n'était ni une fiction, ni un fidéicommis ; mais
bien une propriété très-réelle, sur laquelle l'Etat n'avait
absolument aucun droit. Je reviens malgré moi sur cet important sujet ; une si inique spoliation pèse énormément sur
mon cœur. Si je n'étais retenu par la crainte du scandale, je
prouverais à l'Etat que je sais trouver *des juges* sans aller
à Berlin ; car, je ne suis pas de pire condition que *le meunier
de sans-souci.*

Les biens de la fortune se partagèrent d'une façon plus
égale entre les quatorze enfants de mon bisaïeul que ceux
de l'intelligence ; car tandis que ses cinq filles devinrent
toutes célèbres, parmi ses neuf fils deux seulement furent
illustres , et encore même à des degrés bien divers, mon
grand-père et mon oncle de la Tour *le maître* : les sept autres sont demeurés fort obscurs.

CHAPITRE XX.

Blason de la famille de la TOUR de Noé.

Cette question pour être bien traitée doit être divisée en trois points : *Préliminaires, définition du blason, explication de la définition.*

PRÉLIMINAIRES.

On distingue dans le royaume de France trois sortes de noblesse.

PREMIÈRE NOBLESSE. C'est la noblesse *d'extraction*, celle de chevalerie ancienne, dont l'origine est si reculée qu'elle n'est point connue.

L'heureux mortel qui appartient à cette haute catégorie est noble par la grâce de Dieu ; il peut dire, lui-aussi à son *Roi* : « Beau Sire, celui qui t'a fait Roi m'a fait Comte. »

Les gentilshommes de cette première classe devraient seuls avoir le droit de PORTER BLASON, ARMES ou *armoiries*. En effet, ces insignes majestueux furent créés pendant les croisades. Les chefs et les chevaliers, à cette époque ancienne, étaient bardés de fer, de forme et de couleur uniformes ; leurs têtes et leurs visages se trouvaient entièrement cachés par un casque d'acier. Pour être reconnus par les hommes qu'ils commandaient, ils chargèrent leurs bannières et leurs écus de couleurs et de marques distinctives, qu'ils *portaient* sur les champs de bataille, en face de l'ennemi ; ainsi que dans les tournois, lesquels étaient aussi de vrais combats. Or, les descendants de ces héros primitifs continuèrent à *porter* ces glorieux insignes, en mémoire de leurs valeureux ancêtres. C'était là le sceau des armes, le cachet de noblesse, la griffe officielle des fiers Barons du moyen-âge, lesquels invités à signer, *déclaraient ne savoir, pour cause de noblesse.* Ils laissaient la *plume* légère aux *clers* de leurs paroisses ; pour eux, ils ne se servaient que de la lourde épée. C'est ainsi que nos pères comprenaient la séparation de l'Eglise et de l'Etat. S'ils ne savaient pas écrire, ce n'était donc pas pour cause d'ignorance. Je doute que le grand Bossuet sut dessiner une patte de mouche, et pourtant, il n'était pas si niais que quelques uns le disent.

Deuxième noblesse. C'est l'ancienne noblesse ; elle existait avant 1789. Elle est déjà ancienne, sans doute, mais, on en connaît néanmoins parfaitement le principe. Celle-ci est créée par la grâce du Roi : elle peut et elle doit exhiber ses preuves et ses parchemins. Le monarque avait seul qualité pour conférer ces titres enviés. En même temps que sa majesté anoblissait un sujet par lettres-patentes, elle accordait ordinairement l'autorisation de *porter* le blason que lui assignait le Roi, le Maréchal ou le Juge *d'armes* de la maison de France. Si l'heureux concessionnaire était seigneur d'un lieu, il ornait ses armoiries de la couronne afférente au titre de sa terre féodale. Si non il fallait que le Prince lui permit de prendre celle dont il décorait son blason. Quand on voulait monter hiérarchiquement l'échelle nobiliaire, l'ascension était laborieuse. On devait se livrer au rude métier de courtisan ; faire pendant longues années le service assujettissant de *page* ou de *varlet.* Après ce dur surnumérariat, le monarque élevait le postulant à la dignité d'*Ecuyer.* Ce premier degré de noblesse était si minime, qu'il demeurait personnel

et ne pouvait jamais devenir héréditaire, de même que celui
de chevalier, quoique ce dernier pourtant fut d'un degré
supérieur.

Chacun sert son Roi comme il l'entend; le maître de son
côté paie les devoirs qu'on lui rend selon sa munificence
et ses goûts. Or, ici, les services et la récompense sont
parfaitement licites. Aussi je plaide non pas contre le fond,
mais contre la forme de cette institution nobiliaire. Le titre
d'Ecuyer procurait l'honneur de l'intendance des petites
écuries royales, en attendant qu'on montât à celle des grandes. Pour se glorifier d'une noblesse qui avait une pareille
origine, il fallait être ou héroïquement modeste, ou bien,
quand on inspectait les chevaux, les voitures, le foin, la
paille et les avoines, avoir toujours présent à la mémoire ce
beau mot de Louis XIV, prononcé à l'occasion de la *petite vé-*
role : « Rien n'est petit chez les grands. » Du reste, jamais
nos anciens rois n'ont voulu placer sur un même pied d'égalité, inadmissible d'ailleurs, ces deux noblesses, d'origine si
diverse. Ils établissaient entr'elles une différence caractéris-
tique, qu'ils faisaient ressortir dans la nuance de leurs blasons
respectifs. Ainsi, les armes des gentilshommes de la deuxième
classe n'étaient jamais *timbrées* ou surmontées d'un casque
de profil. Cette distinction était logique. Les armoiries modernes ne sont qu'une imitation des anciennes : elles ne devaient donc pas reproduire le casque qui était comme l'âme
et l'essence des armoiries de la chevalerie *croisée*. C'est pour
cela, que le mot *porter* me semble ici ridicule. En effet, sur
quel champ de bataille les écuyers ont-ils porté leur *blason*?
Dans les écuries royales! Quelle armée leurs *armoiries* ont-
elles guidées au combat? Elles n'ont jamais conduit qu'au
pansage la troupe des palefreniers à la livrée pacifique! En
face de quel ennemi redoutable ont-ils tenu leurs *armes*
triomphantes? Mais, au contraire, ils ont été toujours forcés
de les mettre à l'abri des ruades furieuses d'un cheval vi-
cieux ou rétif! Donc, afin de concilier le respect pour la
bravoure historique qui constitue la *noblesse-née* et les droits

de la puissance anoblissante de la couronne, celle-ci devrait accorder à ceux qu'elle anoblit la faculté non pas *de porter*, mais *d'imiter blason*. L'Ecu dans ce cas, en signe de royal privilége, serait toujours timbré du millésime de la concession souveraine.

Troisième noblesse. On appelle cette dernière, *nouvelle noblesse*. Elle a été instituée depuis 1789 par décrets impériaux ou ordonnances royales. Mais, d'après ses antiques statuts, la noblesse ne fait souche qu'à la quatrième génération. Quand donc la noblesse de fraîche date aura suffisamment vieilli ; lorsque ces troncs jeunes encore auront poussé leurs quatre mises de rigueur, alors, oui, alors seulement, nous pourrons en parler, si nous y sommes encore.

Définition du blason.

Je commence par donner la définition héraldique, c'est-à-dire hiéroglyphique du blason héréditaire.

De gueules, a une tour d'argent maçonnée de sable, ouverte, percée de deux jours, crénelée de cinq pièces, et un chef cousu d'azur, chargé d'un croissant d'argent montant, accosté de deux étoiles de même, rangés de fasce, l'écu posé sur un cartouche portant sur chaque flanc une guirlande de roses feuillées, boutonnées de sinople, fleuries de gueules, et de marguerites tigées, feuillées, boutonnées de sinople, fleuries d'argent, sommé d'une couronne de comte ; le tout surmonté d'une devise sur liston arqué et dardé.

Déchiffrement du blason.

Maintenant, je suis tenu de déchiffrer ces armoiries, ou bien de traduire en français la langue technique et presque barbare du blason.

Sa nature. Le blason est *excentrique* parce qu'il pèche contre les deux règles fondamentales du blason. *Contre la première règle*. L'écu doit être vertical, or ici il est oblique ou de travers ; la couronne comtale n'est pas posée perpendiculairement sur l'écu. C'est là, le signe intrinsèque de son authenticité, la preuve visible qu'il remonte *au onzième siècle*. Il n'y a en France que *quatre* blasons de ce genre. Il est d'ailleurs un des plus beaux du royaume ; puisque conformément aux règles héraldiques, les principales pièces du blason sont peintes simplement dans leurs couleurs naturelles ; un des plus rares ; des plus distingués ; l'un des *quatre* seuls dont la simple inspection démontre physiquement la précise et haute antiquité.

Il pèche *encore contre la seconde règle*. En effet, elle exige qu'on place couleur sur métal ou hermines, ou bien métal ou hermines sur couleur. Or, ici, nous avons couleur bleue sur couleur rouge. Voilà la seconde dérogation qui complète son *excentricité*, et en fait un des quatre blasons incomparables du royaume.

Sens naturel. Les armoiries dans une de leurs pièces sont de celles que la science héraldique appelle *parlantes*. La Tour, en effet, la pièce principale parle ; elle dit le nom de la famille : La Tour je suis ; Turris sum. Mais, Turris au nominatif se traduit par la Tour ; par deux mots : l'article *La* et le substantif *Tour*, et non par le mot dissyllabique Latour. Ici, comme on le voit, le blason a été fait pour la personne et non la personne appropriée péniblement aux *armes*. Comme aussi, cette pièce principale *la Tour*, indique l'orthographe logique et l'étymologie vraie et grammaticale du nom patronymique : *La Tour*. Ma famille n'a donc rien de commun avec aucun Latour de la terre : ni Pierre, ni Jean, ni Jacques. Latour, en effet, n'est pas plus la Tour, que *Laplace* le célèbre astronome n'est la place du Capitole, que le *Pirée* n'est un homme.

Sens symbolique. L'écu est l'espèce de bouclier dont se servaient les chevaliers du moyen-âge et sur lequel ils peignaient les couleurs et les figures qui les faisaient reconnaître. L'écu dans le blason est la figure de cet ancien bouclier. C'est sur cet écu que l'on peint les armoiries. Cela compris, je déchiffre les symboles du blason de ma famille. Le *champ*, c'est-

à-dire la partie inférieure de l'écu est de *gueules* ou rouge,
comme l'indiquent les lignes *verticales* tracées sur ce *champ*.
Là est peinte une Tour *d'argent* ou de couleur blanche, couleur *naturelle* de la pierre de taille des belles carrières du
midi de la France. Cette Tour est ouverte au pied, percée de
deux *jours* ou lucarnes, crénelée de cinq pièces ou créneaux
et *maçonnée de sable* : c'est-à-dire que les lignes des joints
des diverses assises sont émaillées de noir.

Le chef, ou la partie supérieure de l'écu est bleu, ainsi que
le dénotent les raies *horizontales*. On dit qu'il est *cousu d'azur*,
parce que c'est couleur bleue peinte ou *cousue* sur couleur
rouge ou de *gueules*. Ce chef est *chargé* d'un croissant *d'argent* :
or le blanc est la couleur *naturelle* de la lune. Ce croissant
est *montant* ; ses cornes ou ses pointes sont tournées vers le
soleil. C'est donc la figure de la lune *jeune* ou nouvelle :
autre preuve intrinsèque que ce blason est du onzième siècle, de la croisade *jeune*, première ou *nouvelle*. Ce croissant
est accosté de deux étoiles, aussi d'argent, couleur *réelle* de
ces astres. Elles sont l'une au côté droit, l'autre au côté
gauche. Ces trois pièces, d'ailleurs, sont rangées en *fasce*
ou en ligne horizontale.

L'écu est posé sur un cartouche, sur les deux côtés duquel
sont suspendues deux guirlandes : l'une de roses dont les
feuilles et les boutons sont verts et les fleurs roses ; l'autre
de marguerites dont les tiges, les feuilles et les boutons
sont verts et les fleurs blanches. La couleur verte est indi-
quée par les lignes tracées obliquement de gauche à droite.

Pour comprendre cette dernière partie du blason, il faut
se souvenir ici qu'indépendamment du procès-verbal d'au-
topsie inséré dans les œuvres de Voltaire, il en existait un
autre spécial et officieux, manuscrit et aujourd'hui perdu,
dont se servit ce défenseur trop passionné de Calas.

La lecture de cette relation splendide et vraie *détermina*
Louis XV à réhabiliter cette innocente victime.

Or, ce monarque, en récompense de cet acte d'héroïque
indépendance professionnelle qui va semer quelques *roses*

sous les pas de cette famille infortunée dont il a démontré *l'innocence* et *la blancheur*, autorisa mon oncle de la Tour , professeur à la faculté de médecine de Toulouse , par édit de 1765 , à ajouter ces guirlandes de roses et de marguerites au blason de sa famille. De là cet ornement en style moderne qui contraste si fort avec l'ensemble à la physionomie si antique du blason. C'est donc Voltaire qui nous obtint cette faveur royale. Je regrette infiniment que ma famille soit redevable de cette grâce royale à un ennemi de la religion dont j'ai l'honneur d'être le ministre par vocation et par conviction.

L'écu est *sommé* d'une couronne de Comte. En d'autres termes au dessus de cet écu se trouve un diadème comtal.

Noé n'était qu'une Baronnie ; donc le Seïgneur de ce lieu n'avait droit de ce chef qu'à une couronne de baron. S'il porte une couronne de comte, c'est parce que ma famille fut créée comtale par édit royal de 1105.

Devise. Le blason est *surmonté* d'une devise de *sable* ou de couleur noire , gravée sur un *liston* ou bande *d'argent* en forme d'arc-en-ciel et terminée aux deux bouts par un dard de *gueules*. Voici la devise :

> *Si fortune me tourmente ,*
> *Espérance me console!*

Cette belle devise se compose des paroles sacramentelles que prononça GABRIEL, premier aïeul qui ait été non-seulement un homme *important*, mais encore un homme *d'importance*, avant d'expirer au champ d'honneur, après avoir tué d'un heureux coup de lance l'Emir AL-SAMAH à la bataille de Toulouse livrée en 721.

Il disait ce héros mourant : « *Si fortune me tourmente* en me faisant succomber ici, *espérance me console*; je dirais mieux : Certitude m'anime que je lègue à mes descendants un nom immortel sur la terre et que dans les cieux je vais recevoir de la main de Dieu une couronne éternelle , puisque je péris en combattant pour sa gloire. » Cette devise est donc une vérité historique et la synthèse émouvante de mon antique

11

blason. La Tour, en effet, est ordinairement le palladium des remparts et de la ville entière, le point capital de la défense et aussi l'objectif unique des efforts suprêmes d'un ennemi furieux. Mais, au plus vif de l'attaque, la Tour peut s'écrier : « Je ne crains ni la surprise, ni l'escalade, ni l'assaut ; car, le croissant des armoiries vous montre que je veille la nuit ; ses étoiles vous crient que la nuit et le jour je compte sur Dieu, la chance et mon épée. Sans doute, je suis l'arc-en-ciel et j'aime la paix ; mais, je ne crains pas la guerre. Malheur à qui me cherche querelle ; car alors par quelque bout que l'on me prenne j'ai un dard et un dard empoisonné, à la guerre comme à la guerre : donc, *qui s'y frotte s'y pique et qui s'y pique en meurt!*

Ce blason n'est donc pas, je l'ai prouvé, un prix humiliant remporté dans un tournoi de courtisans, un titre vénal acheté argent comptant dans les bureaux de la chancellerie royale.

Il est au contraire une décoration honorable conquise lance à la main et *sang coulant* sur les champs de bataille et les chantiers de la science.

CHAPITRE XXI.

Un mot sur mon cher Père.

Ici, il m'est formellement interdit d'écrire une biographie.
Ce n'est pas que les souvenirs d'une pareille existence manquent à mon esprit et à mon cœur et les matériaux à ma
plume : Non certes ! Mais ce personnage bien-aimé me touche
de trop près ; parler de lui c'est presque parler de moi. Je
me contenterai donc, pour la satisfaction de mon âme de le
présenter à mon lecteur, afin qu'il puisse l'entrevoir un instant ; j'en dirai un seul mot par forme d'appendice.

De la Tour de Noé Jean-Pierre, mon père à jamais regretté,
naquit à midi, le 31 décembre 1792. Il perdit en naissant à
cette triste époque son titre de noblesse ; car la république
égalitaire d'un coup brutal mais légal de hache révolutionnaire retrancha la particule de son nom ; rapprocha, pour
cause d'unité, l'article du substantif, et l'enregistra démo-
cratiquement comme fils du citoyen Latour et de la citoyenne
Campourcy.

L'Etat civil portait donc :

Jean-Pierre Latour, tout court !

Il fut la cause innocente de la solution de continuité dans
les anneaux de cette longue et majestueuse chaîne des la
Tour Gabriel : prénom héréditaire dans ma famille, mais que
nul alors ne put lui transmettre, parce que tous ceux qui le
portaient étaient ou morts ou proscrits. Il fut baptisé la nuit

suivante par son oncle le martyr à l'Eglise sans doute, mais clandestinement; le code français d'athée, d'abord indifférent, était devenu bientôt athée persécuteur. On lui donna pour parrain un membre de l'honorable famille de Monssinat, alliée depuis longtemps à la mienne, et dont les descendants se transmettaient le prénom antique de Jean-Pierre, lequel fut donné à mon père.

Fort jeune encore on l'envoya à Toulouse. C'est là qu'il fit des études excessivement brillantes; jamais il ne manqua un seul des premiers prix qui se distribuaient. Il les obtenait d'ailleurs tous purs de l'alliage des *ex æquo*. A dix-sept ans, quand ses classes furent terminées, son père et sa mère très-riches encore et qui l'aimaient tendrement ne lui donnèrent pas d'état, afin de le conserver perpétuellement auprès d'eux.

A l'époque de la conscription, laquelle à cette époque équivalait presque à un arrêt de mort, ses parents lui achetèrent un remplaçant militaire, qui coûta *dix mille francs*. Ce malheureux déserta. Cette désertion sinistre engendra un procès, lequel se compliqua d'une foule d'incidents fâcheux, et se termina en 1826 par l'expropriation et la ruine complète de mon opulente famille.

Mon père, était sans contredit, le plus bel homme de son département. Ses beaux cheveux châtains relevés en touffe sur le devant de sa tête faisaient de son front intelligent et large le vrai type sculptural de l'audace et de la majesté réunies. Ses yeux étaient d'une douceur extrême; mais quand son regard s'enflammait, nul ne pouvait en soutenir l'éclat éblouissant. Il était d'une adresse merveilleuse. Debout sur la rive de la Garonne, il lançait l'épervier aussi loin que la corde placée à la pointe du cône le permettait, arrondissait ses bords plombés comme un cercle parfait, le faisait tomber parallèlement à la surface des eaux avec une précision mathématique; et tout cela avec la même facilité qu'il aurait jeté dans le fleuve une pierre de cent grammes. Il maniait l'épée comme un maître d'escrime; le pistolet et le fusil ainsi qu'un capitaine de tir. Ecuyer consommé, on aurait dit que son superbe cheval arabe et lui ne faisaient qu'une même personne. Sa force était prodigieuse. A Noé alors, on ne parlait guère *d'égalité et de fraternité;* on se contentait de pratiquer parfaitement ces deux choses. *Les chapeaux noirs* du lieu avaient un jeu de quilles colossales. Ils admettaient à leurs parties les jeunes gens du village et ceux des communes voisines. La boule était énorme, et pourtant mon père l'envoyait à des distances incommensurables. Noé avait en ce temps-là un maréchal-ferrant fort aimable, et qui narrait avec un intérêt incroyable sa campagne d'Egypte. Sa boutique très-humble d'ailleurs était pourtant, les jours de pluie, le salon toujours rempli des *principaux* de la localité. C'est là qu'un soir mon père répondant à un défi courtois que lui portait un *Hercule* ambulant, lui administra une *calotte* imperceptible qui précipita, rapide comme une flèche, ce Samson de passage sous l'auge de la forge. Les spectateurs ébahis de cette scène gigantesque eurent toute la peine du monde pour l'arracher de cet étroit défilé. Aux beaux jours de mon enfance, en automne, après la classe, j'allais avec lui voir charger la vendange cueillie au riche vignoble de *Bordeneuve* qui nous appartenait alors. Je le calinais jusqu'à ce que j'avais obtenu qu'il plaçât une comporte pleine sur l'une des charrettes du convoi. La prenant par les deux manches, il la posait délicatement sur l'un des véhicules, comme je remets moi-même une cuvette légère sur ma table de toilette. Il dansait avec une grâce exquise et jouait d'une façon ravissante de la clarinette et du violon. Il chiffrait comme Barème. Il savait par cœur assez de délicieuses chansonnettes pour chanter dans une réunion d'amis de sa voix splendide un couplet charmant, commençant toujours par n'importe quel mot prononcé dans la conversation. Ces couplets n'étaient pas sans doute un refrain de cantique; mais homme de bon ton, il se trouvait incapable de fredonner un mot qui put salir l'imagination ou scandaliser la pudeur.

Sa modestie était admirable de candeur ; quand il ren-contrait une question ardue, il passait avec une simplicité naïve la plume à son père que rien n'embarrassait. On rapporte dans l'histoire que les Romains faisaient trois cents lieues pour entendre causer Marc-Aurèle. Je doute, pourtant, que la conversation de ce maître du monde valut celle de mon père. Lorsqu'il usait de l'intégralité de ses moyens, il exerçait une fascination irrésistible. Pour se soustraire à l'enchantement fatidique de sa caressante parole, il aurait fallu recourir aux expédients dont se servit Ulysse envers ses compagnons, pour les ravir à l'influence mortellement voluptueuse des chants mélodieux des Sirènes. Les lions du jour, les jeunes gens aimables et distingués de l'époque ne sont que des barbares auprès de cet incomparable séducteur.

Cet homme était la bonté même incarnée dans son cœur. Quand j'avais été *sage* pendant la semaine, le jeudi, il me prenait avec lui à la chasse. Pendant la journée entière je tenais bon, soutenu que j'étais par l'enthousiasme des prises. Mais privé de ce mobile, le soir un tuyau de blé me renversait dans les chaumes, un grain de sable me faisait trébucher sur la route. Les deux chiens eux-mêmes étaient *rendus*. Son beau *Marron* et mon fidèle *Azor* traînaient dans la poussière leurs langues desséchées. Cet excellent mortel lavait alors leurs pattes et leurs museaux dans le premier cours d'eau qu'il rencontrait et les plaçait sur ses larges épaules. Moi aussi j'étais là à califourchon, *brochant* sur le tout. Ces deux intelligents animaux s'accommodaient de façon à ronfler à ce poste comme s'ils eussent été dans leur moelleux chenil. Ils ne se réveillaient que pour remercier leur bienveillante monture par un coup de langue affectueux et doux. Ils ne m'oubliaient pas dans la distribution de leurs tendres caresses ; car, nous étions amis : à nous trois nous ne faisions qu'un. Je me serais battu afin de les protéger, pour me défendre ils auraient mordu des lions. Ils étaient, du reste, parfaitement élevés, et se ressentaient du milieu dans lequel ils vivaient. Admis le soir, pour se délasser, autour du foyer commun, jamais ils n'ont commis une inconvenance, même involontaire. Ils vivaient avec les deux chats dans les termes les meilleurs, et pourtant si l'un de ces deux insignes voleurs s'était permis de poser sur le gibier qui tournait à la broche une griffe maraudeuse, malgré toute leur fraternité, ils l'auraient étranglé. Ils étaient beaucoup trop raisonnables pour se quereller pour un os ; chacun croquait en paix le bout par lequel il l'avait accroché. Plus sages que les puissances de l'Europe, jamais pour leur faire entendre raison, il n'a fallu recourir à l'intervention énergique du fouet. Voilà pourquoi, aujourd'hui plus que jamais, je crois fermement à *l'esprit des bêtes* et à la *bêtise des hommes*.

Il est raconté dans l'histoire que les Gaulois nos ancêtres primitifs *ne craignaient que la chute des cieux* : sous ce rapport mon père n'était nullement dégénéré ; car il n'avait peur absolument de personne ni de rien : il était ici dans son genre ce que le lion est dans le sien. Quand je compare certains actes de courage accomplis, il y a quarante-cinq ans, par cet homme à la trempe si virile, aux actions de lâcheté posées de nos jours, je me demande si les hommes de notre triste époque n'auraient pas changé de nature ne conservant que les formes de leur ancienne espèce.!!!!!

Mon père ne fut pas, il est vrai, un chrétien pratiquant, mais il avait la foi, et il était sincèrement religieux. Les dimanches, il entendait la sainte messe, tout le temps debout, les mains appuyées sur le dossier d'une chaise. Il s'inclinait profondément pendant les deux élévations. Son attitude digne et convenable inspirait le respect du lieu saint aux hommes qui l'entouraient. Si l'un d'eux s'était permis de causer, il lui aurait imposé silence en lui adressant d'un ton énergique et impérieux un *ite* traduit en français militaire. Encore que *chasseur diligent* il partît souvent *dès l'aurore*, partout et toujours à genoux sur les bords d'une chaise il récitait le matin et le soir *notre père, je vous salue* et un acte de contrition avec une attention suprême : on voyait qu'il parlait à son Dieu. Il était d'une propreté irréprochable. Ja-

mais en se levant et en se couchant, il ne manquait son signe de croix en prenant sa nouvelle chemise. Son instruction
était si complète, que nul établissement aujourd'hui en
France ne serait capable d'en donner une pareille.

Et maintenant :

..... Si parva licet componere magnis ;

S'il est permis de comparer les petites choses aux grandes ;
d'établir la différence qui existe entre mon père et moi, entre mon père et mon grand-père ; bien qu'aux dons que dai-
gna m'accorder l'Eternel, je puisse ajouter quarante ans
de travaux accumulés, cependant, à la confusion de mon père
et à ma confusion, plus grande encore, je suis forcé de me
résigner à cette proportion désolante et de dire :

Je suis à mon père comme il était au sien ;

Absolument comme j'écrirais :

Un est à dix, comme dix est à cent.

Et nous postérité chétive, nous ne sommes seulement pas
des ossements aux belles proportions, *grandia ossa*, dont
parle le poëte, mais uniquement des nains microscopiques
et presque ridicules !

Et puis qu'on vienne soutenir que nous sommes *au siècle
des progrès*, oui des progrès dans le mal ! Or, je ne parle
pas ainsi à titre de proneur systématique du vieux temps qui
n'est plus : *Laudator temporis acti.* Qu'on écoute plutôt. Il y a
dix jours, je passais dans la rue Saint-Rome. Une jeune mère
conduisait par la main une ravissante petite fille qui n'avait
certainement pas quatre ans. « Vois-tu, mère, lui dit-elle,
ce grand curé qui passe avec ses lunettes? Eh bien ! il enterre
toutes les mamans qui sont méchantes contre leurs petites
filles ! » Il y a dans cette phrase tout un monde de malice.
Il faut être au temps où nous vivons pour rencontrer sur son
chemin une merveille de méchanceté si précoce ! ! ! ! !

Dans l'état de gêne où se trouvait ma famille, mon père
s'imposa des privations incroyables pour subvenir aux frais,
relativement énormes, de mon instruction sacerdotale. Etant

en troisième, quand on m'appela à la tonsure, il fallut toute l'éloquence persuasive et paternelle de M. Izac, incomparable supérieur du petit séminaire, qu'il vénérait infiniment, pour le décider à me permettre d'accepter cet honneur. M. de Bray, alors receveur général et son ami, d'accord avec lui, insistait vivement pour me faire entrer dans le barreau. Ils étaient tous deux pleinement persuadés que ses luttes retentissantes me conduiraient à la fortune et aux plus hautes positions sociales chez une nation dégénérée, où le panégyrique de tout grand homme contemporain se résume dans ces trois mots dignes de Bysance : « Il parle bien ! » Mais, le Seigneur avait sur moi d'autres vues : il changea bientôt leurs dispositions et leurs cœurs.

Quand il fallut supprimer les maîtres de tous les arts d'agrément, que sa tendresse m'avait donnés, il en éprouva une peine mortelle.

Tel fut donc mon père. Il mourut à Noé le 13 mars 1837, de mort subite causée par la rupture foudroyante d'un anévrisme, à l'âge de quarante-cinq ans : oui, quarante-cinq ans ! ! ! ! ! Sa mère en devint folle de douleur et expira elle-même dans trois jours.

Il avait les sympathies du village. Tous les habitants sans exception assistèrent à ses touchantes funérailles. Le souvenir des sanglots qu'ils poussèrent sur les bords de sa tombe, encore me déchire le cœur. Toutes les fois que nous parlions de lui avec M. Périssé père son ami et le mien nous pleurions ensemble. Aujourd'hui même après plus de trente ans, sa pensée m'émeut toujours jusqu'aux larmes ; car le chagrin sincère ne prescrit jamais. Je ne voulais dire qu'un seul mot sur son compte : que mes lecteurs me pardonnent l'excédant ; c'est un oubli involontaire de mon cœur filial.

Maintenant, je me penche encore sur les bords de sa tombe si prématurément ouverte, pour l'arroser de mes larmes et l'inonder de mes plus ferventes prières. Et pourtant, je crois que le plus tendre des pères est aujourd'hui dans les cieux. Marie sa mère, que deux fois le jour il pria assidument pendant sa vie entière, lui aura certainement obtenu la grâce d'une bonne mort. Oui, après une expiation suffisante pour n'avoir pas assez fidèlement servi son divin fils, elle lui aura infailliblement procuré la gloire de contempler éternellement dans la vision béatifique ce Dieu qu'il avait certes parfaitement connu, mais toujours trop négligé, toujours trop théoriquement aimé pendant sa vie hélas! trop tôt finie! ! ! ! !

CHAPITRE XXII.

Un demi-mot sur moi.

Il est toujours bien délicat et souvent imprudent de parler de soi-même. Je n'en dirai donc ici que ce qui est rigoureusement nécessaire pour démontrer que la divine providence s'occupe des soins de ses plus humbles enfants de la terre ; qu'il faut la laisser faire ; ne jamais empêcher par une intervention indiscrète l'accomplissement de sa sainte et miséricordieuse volonté et des doux projets de sa tendresse.

Le 4 juillet 1859, je quittai le ministère paroissial avec l'agrément complet de mon bienveillant protecteur, je dirai presque de mon *auguste ami*, Monseigneur Mioland, ce bien-aimé, ce saint, ce si regrettable archevêque de Toulouse.

En arrivant dans la Cité savante, je courus me blottir derrière les in-folio de la riche bibliothèque du Lycée ; m'enterrer dans la poussière, beaucoup trop respectée, des archives départementales de notre Préfecture. Ainsi que la bergère de Virgile, je n'allai pas me cacher pour qu'on vint m'y chercher et plus sûrement me trouver :

> *Et fugit ad salices et se cupit antè videri;*
> elle fuit vers les saules, mais avant elle veut être vue.

Ou mieux comme dirait M. de Marion-Brésillac dans sa ravissante traduction des Bucoliques :

> . . . . Mais avant,
> L'espiègle, elle veut être aperçue en fuyant.

Non certes ; car ma retraite était sincère. Je n'étais pas Achille boudant sous sa tente ; mais le *Rat* retiré

Dans un fromage de Hollande.

Et s'il m'est permis de comparer ici les petites choses aux grandes, j'étais Hercule à la cour de la reine Omphale, tenant toutefois la plume ; car il ne m'était pas encore arrivé de *tomber en quenouille*. Je commençais à savourer les charmes ineffables que procure la douce indépendance à *l'homme* qui *se considère*, mais surtout qui *se compare*, pourvu qu'il aime à vivre ignoré et à être pris absolument pour rien.

J'avais cette paix que le Seigneur donne au prêtre qui « *a choisi d'être le dernier dans la maison de Dieu*, » plutôt que d'accepter une de ces places que l'on m'avait offertes cent fois, qu'on appelle *bonnes* dans la langue de la spéculation, et qui pour moi n'auraient été bonnes qu'à me déranger. Voilà pourquoi, déjà, balancé doucement dans cette aimable quiétude comme dans un tendre berceau, je me persuadais que ma félicité allait être éternelle ; car je me disais : *Nul n'est prophète en sa patrie*. Il me semblait donc que le bruit, d'ailleurs assez considérable, qui se faisait autour de mon nom à cause de mes publications souvent réitérées, jamais n'oserait passer en contrebande les barrières de l'octroi de ma patrie d'adoption.

Sans doute depuis quelques années mes affaires littéraires allaient leur petit train. Je ne croyais cependant pas que mon *incognito* d'écrivain fut déjà trahi ; que *la tuile* de la célébrité fut si près de tomber sur mes lunettes. Hélas ! je me trompais ! Le 11 avril 1874 je reçus de Paris une lettre ainsi conçue :

« M. l'Abbé, j'ai l'honneur de vous informer que je vous ai consacré une notice biographique dans notre dictionnaire des Grands Hommes contemporains. signé : GLAESER. »

Je ne doutai pas un seul instant que ce ne fut là une atroce mystification, fruit tardif, mais pourtant normal encore de la saison qui le produisait. Comme c'était non plus un *petit poisson*, mais une baleine que l'on venait de me servir, la digestion de ce cétacé fut longue et laborieuse. Nul article du code ne me donnant le droit de réclamer *des dommages* pour une plaisanterie même des plus cruelles, je me vouai à la résignation, seul *calmant* pour les maux que l'on ne peut guérir.

La blessure saignait encore, quand le 30 mai suivant m'arriva une nouvelle lettre qui me disait :

« M. l'Abbé, si vous tenez à recevoir notre Dictionnaire qui porte votre notice et trois exemplaires de la feuille tirée à part où elle se trouve, veuillez prendre la peine de m'envoyer vingt-huit francs. signé : GLAESER. »

Je crus alors non plus à un *poisson d'avril*, mais bien à un mensonge flatteur pour me faire ouvrir mon léger porte-monnaie sans violence et sans possibilité de recours.

Le lendemain, je m'empressai d'envoyer à Paris la somme demandée par un mandat sur la poste. Je serrai précieusement dans mon portefeuille la *déclaration de versement* afin qu'elle me servît comme pièce de conviction devant le tribunal de la Seine. Je ne voulais certainement pas me venger, mais uniquement faire punir le coupable dans ce monde pour que Dieu l'épargnât dans l'autre.

Les choses en étaient là, lorsque le facteur de ville, qui fait le service de ma rue, me remit, le 27 octobre dernier, un volume de GLAESER. Je vis alors que j'avais été, non pas la victime innocente d'une mauvaise plaisanterie ou d'une exploitation odieuse, mais l'objet préféré d'une immense gracieuseté de la part de l'honorable éditeur.

Donc, *tout vient à point à qui peut attendre*. Mon émotion fut phénoménale ; je passai quatre nuits sans sommeil et une journée sans pouvoir prendre la moindre nourriture.

Aujourd'hui, l'ordre et le calme règnent de nouveau chez moi comme ci-devant. Cet heureux état n'est troublé que par les félicitations affectueuses de mes amis et les grognements stériles de mes ennemis.

Il est des hommes qui travaillent durant leur vie entière,

pour avoir dans l'histoire ; et encore même après leur mort ,
une page que jamais ils n'auront. Je vis encore et pourtant
on me l'a imposée tout entière cette page toujours posthume
après laquelle soupirent si ardemment tous les ambitieux de
la terre : et cela malgré quinze ans d'évolutions permanentes
pour me mettre à l'abri d'une averse qui aurait été pour un
autre une aimable pluie d'or. Il est donc certain que la gloire
a ses caprices ; qu'elle cherche qui la fuit et qu'elle poursuit
qui l'évite.

Oui , la Biographie nationale des Contemporains par une société de gens de lettres, Glaeser et Cie éditeurs, 4, place
Vintimille, a Paris, m'a fait l'honneur spontané de me con-
sacrer quarante-deux lignes biographiques à la page 408.
Elles sont incomplètes sans doute pour les détails, exagérées
dans l'éloge, mais vraies pourtant dans la substance.

Voilà donc mon nom si humble définitivement gravé sur
une colonne *immortelle* entre les noms illustres de Monseigneur le duc de Broglie et de Monsieur de Rémusat-Thiers ou
Thiers-de Rémusat.

Cette notice est d'autant plus flatteuse pour moi que la
France entière a fourni seulement *quatre* personnages du nom
de Latour au Dictionnaire de Glaeser , le Département de la
Haute-Garonne *un seul*.

Et *moi* qui m'étais volontairement assis à l'ombre des cy-
près de *Terre-Cabade*, me voilà à mon insu, envers tout désir
et contre toute espérance, placé sur le piédestal de la célébrité ! ! ! ! !......

Malgré ma chance relativement si heureuse , si jamais un
de mes amis est tenté d'entrer dans le chemin de la gloire,
ah ! qu'il se garde bien de commettre la monstrueuse imprudence de s'engager dans la voie séduisante mais trompeuse de
la renommée : la gloire , en effet, ne vaut pas ce qu'on
l'achète ; car elle coûte de l'argent, de la peine et des
soucis ! ! ! ! !......

En me traitant ainsi , la sagesse éternelle a-t-elle voulu ,
dans sa colère contre la littérature française trop préoccu-

pée des intérêts terrestres, me mettre au triste régime des vaniteux et ne me passer que la maigre ration quotidienne du *Vani vanam* : Aux vains la vanité ? Ce n'est pas sûr ; car si je suis vaniteux comme auteur, en tant que prêtre et comme homme j'abhorre ce vice sans grandeur. Sa munificence sans bornes daigne-t-elle remplacer par le retentissement de mon nom une fortune perdue, mes *cent vingt-six mille francs* gloutonnement dévorés par des parasites domestiques ? Pas davantage ! Ce n'est pas d'abord la faute du Seigneur, si cet accident m'est arrivé ; c'est bien plutôt la mienne, encore que je ne sois pas plus *mazette* qu'un autre, même sur la question financière. Seulement, je suis organisé de façon à ne pas traiter la fortune ainsi qu'une idole *Sacrée,* mais *si Sacrée* que nul jamais n'ait le droit d'y toucher. Au contraire, je la considère comme une chose essentiellement fongible dont j'use à ma fantaisie et dont j'ai la faiblesse de laisser les autres trop souvent abuser. Quels ont été donc sur moi les desseins du Très-Haut dans cette circonstance éclatante ? Je l'ignore et je me console aisément de ne pas les connaître ; car je suis certain qu'ils sont ici comme partout et toujours infiniment miséricordieux. Que celui qui tient à posséder sur ce point le secret du bon Dieu, s'adresse à sa majesté suprême pour lui demander la faveur d'une révélation privée.

Si pourtant on exige que j'affirme en ce jour mes convictions intimes, je m'exécuterai de bonne grâce et sans user de la moindre restriction mentale.

Oui je crois fermement que *le Dieu des sciences*, s'est plû à rémunérer d'une façon splendide les investigations bénédictines et le courage héroïque qu'il m'a fallu pour pouvoir et oser démontrer au monde sa fin aussi prochaine que certaine. Ma mission providentielle consistait donc à faire entrer mon époque, essentiellement oublieuse de ses destinées futures, dans ce courant d'idées jusqu'ici inconnues et inexplorées qui répugnaient à son orgueil, à ses instincts et à des préjugés nativement hostiles à toute pensée de destruction subite et simultanée dans la création entière ou seulement restreinte.

Après des recherches inouïes et des travaux gigantesques commencés en 1853, lorsque, l'année 1868, je publiai ma première édition de LA FIN DU MONDE EN 1921, qui donc encore avait eu une pareille idée ? Qui donc, même l'ayant, aurait été assez audacieux pour oser l'exprimer et surtout l'im- primer ? Et pourtant aujourd'hui, après huit éditions qui on fait le tour du globe, le monde accepte en principe l'arrêt de sa mort prochaine et ne discute plus que l'heure précise de son exécution. J'ai donc forcé mon siècle sceptique pourtant et réfractaire à tout ce qui confine au surnaturel, à inscrire à son *Credo* philosophique ce formidable article : *Je crois à la fin prochaine du monde !* Or, c'est là un fait immense. Lorsque cette opinion, relativement nouvelle, sera suffisamment vulgarisée, elle renouvellera la surface du globe ; elle pétrifiera d'épouvante la seconde et der- nière génération future. Cet obélisque funéraire que j'ai élevé sur ce vaste sarcophage qui s'appelle le monde et qui n'attend plus maintenant que l'universelle hécatombe pour voir se combler son vide immense, le temps ne le détruira pas, au contraire, il en cimente chaque jour plus fermement les diverses assises.

J'aurais pu ne pas signer mon œuvre ; dire seulement à mes amis : C'est moi qui ai fait *la fin du monde en* 1921 ; ne pas graver mon nom sur la *clef de voûte* de cet universel mau- solée ; car, le monde n'aura pas le temps de l'oublier. Et puis, que m'importe une immortalité d'une cinquantaine d'années !

Si donc j'ai signé mon livre, c'est afin de ne pas avoir l'air de décliner la moindre parcelle de responsabilité d'un tra- vail pour la publication duquel le Seigneur m'avait spéciale- ment délégué.

Voilà mon œuvre : et je n'ai pas perdu mon temps. L'im- mortel Ferdinand de Lesseps pour rapprocher deux mondes n'a eu qu'à traverser une langue de terre ; la science moderne afin de relier la France et l'Angleterre par un tunnel sous-marin n'aura qu'à trouer le globe un peu plus bas que le fond de la mer. Mais pour asseoir *mon idée de la fin du monde* sur une base solide et ferme, il m'a fallu perforer toute une couche d'esprits plus dure que le granit, plus profonde que les abîmes des mers, plus épaisse que le globe lui-même.

Je termine mon *speech* si personnel par une observation importante.

Qu'on n'aille pas se figurer que la fumée de l'encens sortie de l'article de la Biographie nationale des Contemporains m'a fait tourner la tête ; m'a aveuglé au point de me persuader que cette notice m'a introduit dans les régions sereines de la gloire ; m'a mis dès mon vivant en pleine possession de la postérité : pas le moins du monde! Je crois tout bonnement que je suis *entré en possession* de quarante-deux lignes biographiques que je n'ai nullement sollicitées, et que le frottement des siècles n'aura pas le temps d'effacer.

Je demande mille fois pardon à mes lecteurs d'avoir été forcé de parler de moi. Je me console de cette cruelle infortune en songeant que j'obtiendrai ma grâce en gardant à l'avenir le plus profond silence et en cherchant l'ombre de l'oubli.

TABLE DES MATIÈRES.

Toulouse, Impr. Louis & Jean-Matthieu Douladoure.

www.ingramcontent.com/pod-product-compliance
Lightning Source LLC
Chambersburg PA
CBHW072239270326
41930CB00010B/2189